（宋）蘇轍 撰 傅增湘 校

傅增湘校本欒城集

第四册

國家圖書館出版

第四册目録

卷十三　詩八十六首

卷十四　詩八十五首

卷十五　詩八十五首

卷十七　賦八首

欒城集卷之十三

宋眉山蘇轍子由著

明東吳王執禮子敬
顧天叙禮初仝校

詩八十六首

除夜

老去不自覺歲除空一驚深知無得喪久已罷經營黄卷譏前失清樽借後生何年遂疎懶伏臘任躬耕

種蘭

蘭生幽谷無人識客種東軒遺我香知有清芬能解穢更憐細葉

巧淩霜根便密石秋芳早皺倚修筠午蔭涼欲遣蘼蕪共堂下眼
前長見楚詞章

上元夜

新春收積雨明月澹微雲照水疎燈出因風遠樂聞天涯仍有節
人事竟何分賣酒眞拘束何時一醉醺

次韻王適上元夜二首

燈光欲凝不驚風月色初晴若發蒙羈客不眠詩未就遊人半醉
夜方中荒城熠燿相明滅野水芙蓉亂白紅知欲訪僧同寂寂應
憐病懶長爐燼

宿雨初乾試火城端居無計伴遊行厭看門外繁星動想見僧窗一點明老罷逢春無樂事夢回孤枕有鄉情重因佳句思樊口一紙家書百鎰輕

王子立與遲等遊陳家園橋敗幾不成行晚自酒務往見之明日雨作偶爾成詠

桃李城東近不遨偶聞花發喜相邀斷橋似欲妨佳思好雨猶能借此朝隨分開樽依綠草偶然信馬及餘飄重來莫道無閑暇紫燕黃鸝日漸嬌

幽蘭花二絕

李徑桃蹊次第開穠香百和襲人來春風欲擅秋風巧催出幽蘭
繼落梅

珍重幽蘭開一枝清香耿耿聽猶疑定應欲較香高下故取羣芳
競發時

胡長史祠堂

白首青衫仍隱居晚拋環堵就安輿生芻忽歿烝嘗地函丈空悲
講解餘弟子璵璠相照耀兒孫松桂共扶疎我來恨不瞻遺老空
怪鄉隣盡讀書

孫賔與道人

萬里飄然不繫舟酒壚一笑便相投千金不換金丹訣何事惟須
一布裘

新橋

六月長橋斷不收朱欄初喜映春流虹腰宛轉三百尺鯨背參差
十五舟入市樵蘇看絡繹歸家鹽酪免遲留病夫最與民同喜卯
酉悤悤無復憂

曾子宣郡太挽詞二首

族大嶽音遠年高福祚多生兒盡龍虎封國列山河象服驚初換
埋文信不磨送車江郭滿咽絕聽哀歌

宗

其二

安輿遍西北丹旐歷江湖存没終無憾哀榮兩得俱新封崇馬鬣餘福薦浮圖家法蘋蘩在空堂始一虞

曾子固舍人挽詞

少年漂泊馬光禄未路騫騰朱會稽儒術遠追齊稷下文詞近比漢京西平生碑版無遺繼此日銘詩誰爲題試數廬陵門下士十年零落曉星低

次韻王適一百五日太平寺看花二絶

遍入僧房花照眼細尋芳徑蝶隨行歸時不怕江波晚新有橋虹

水上橫

小檻明窗曾不住，閑花芳草遣誰栽。但須匹馬尋幽勝，攜取清樽到處開。

次韻遊小雲居

溪上浮花片片輕，泝流登岸得山行。僧房幽絕雲居小，春日陰晴野色明。永遠林棲真有道，溺沮耕養亦忘情。此身此意何年遂，空使常談笑老生。

次韻秦觀梅花

病夫毛骨日凋槁，愁見米鹽惟醉倒。忽傳騷客賦寒梅，感物傷春

同懊惱江邊不識朔風勁墻頭亦有南枝早未開素質夜先明半
落淸香春更好鄰家小婦學閑嬌靚粧惟有長眉掃孤芳巳與飛
霰競結子仍先百花老苦遭橫笛亂飛英不見遊人醉芳草可憐
物性空自知羞作繁華助芒昊

復次前韻答潛師

憐君古木依巖槁西江飲盡須彌倒野花幽草亦何爲嶮韻高篇
空自惱萬點浮溪輒長嘆一枝過嶺仍誇早拾香不忍遊塵汙嚼
蘂更憐眞味好道人遇物心有得瓦竹相敲緣自掃誰知眞妄了
不妨令我至今思瑾老妙明精覺昔未識但向閑窗看詩草滑雲

時起鳥四飛畢竟安能亂清昊

景福順老夜坐道古人搐鼻語

中年聞道覺前非邂逅仍逢老順師搐鼻徑參真面目掉頭不受

別鉗鎚枯藤破衲公何事白酒青鹽我是誰慚愧東軒殘月上一

盃甘露滑如飴

畫枕屏

繩床竹簟曲屏風野水遥山霧雨濛長有灘頭釣魚叟伴人閑臥

寂寥中

次韻王適留别

遠謫勞君兩度行復將文字試平衡千時豈爲斗升祿聞道應忘寵辱驚未了新書誰與讀重酉佳句不勝情決科事畢知君喜俗學消磨意自清

次韻子瞻特來高安相别先寄遲适遠卻寄邁迨過遯

老兄騎驢日百里據鞍作詩若飜水忽吟春草思惠連因之亦夢添丁子羣兒競長堪一笑老馬臥餐何日起聞兄盡室皆舊人見面未曾惟遯耳遲年最長二十六已能幹父窮愁裡豫兒揚眉稍剛勁纍子溫純無愠喜我兄憔悴我亦窮門戸久長眞待爾但合戢戢見頭角甑倒囊空定何恥家藏萬卷須盡讀此外一簪無所

恃船中未用廢詩書閒窗莫看江山美

次韻子瞻端午日與遲适遠三子出遊

人生逾四十朝日已過午一違少壯樂日迫老病苦丹心發爲灰

白髮粲可數惟當埋鉏耰教子執稷黍誰令觸網羅展轉在荊楚

平生手足親但作十日語朝遊隔提攜夜臥困烝煮未歌棠棣詩

已治鴒原祖士生際風雲富貴若騎虎柰何貧賤中所欲空齟齬

次韻子瞻留別三首

公來十日坐東軒手自披雲出朝日山川滿目竟何有波浪翻天

同一濕諸門迭出驚異狀間道懷歸終舊壁此行千里隔江河何

四年侯公盡長飄飛鴻背十日置公讌欲作白遊會稽將州賤伯可一

大顛子贈行至秦新見寄

羈些東車還我里

觀六文字嫌嗟我屬之人生于夜中惟恐似傳家祖足不願餘同

東西南北無住身揭來封胡回男子彫鐵不遑治臺句擲腹先合

願吾飛逐黃鵠

栽松竹頭上白雲卽飛去耳畔清泉當鳴玉谷川獨自是两盃林東

野人性似修行僧長願幽居近林藪南遷無計脫簪組西歸誰爲

入兩閒滋塵疾

（二僧）匏瓜一遭繫賣酒長不在夜歸步江潯明月照清瀨心開忽

自得語異竟非背（倍音）一尊談笑人間萬事寂寥外欲同千里行奈此

一官礙何年眞耦耕舉世無此太

贈醫僧鑒清二絶

肘後醫方老更精鬢蒼白盡氣彌清只應救病能無病豈是平生

學養生

門人久作開堂老庭檜着成合抱圍他日浴堂歸洗背回頭還解

放光輝

贈醫僧善正

老怯江邊瘴癘鄉城東時喜到公房歷言五藏如經眼欲去三彭

自有方身厭遠遊安靜默術因多病更深長時時爲我談尊宿曾

入南公古道場

食蔘

野沼漲淸泉烏蔘不直錢蟹肥鳌正滿石破髓初堅節物秋風早

樽罍夜月偏令人思淮上小舫藕如椽

留滯高安四年有餘忽得信聞當除官眞楊間偶成小詩書

于屋壁

數間茅屋人蹤跡四見秋風入薜蘿北棹偶然追雁羽南公誰復

伴漁蓑三年賈傅驚吾老九歲劉郎愧爾多此去仍家江海上不妨一葉弄清波

洪休上人少年讀書以多病出家居泐潭為馬祖修塔以三絶句來謁答一首

早除郎將少年狂祖塔結緣歸故鄉習氣未消餘業在逢人依舊琢詩章

勉予瞻失幹子二首

人生本無有眾幻妄聚耳手足非吾親何況妻與子偶來似可樂強作室家喜忽去未免悲欣戚要矜毀君家兩歲兒畢竟何自始

破甑别爲一首

變化違初心涕泗劇翻水吾儕近始悟造物聊復試道力竟未完
聰明信難恃破甑不復顧彼無愛甑心棄璧負赤子始驗愛子深
誠知均非我胡爲有不能一從三界遊久被百物侵朝與喜怒交
莫與寵辱臨四物皆不勝生死獨未曾不經大火燒孰爲眞黃金
棄置父子恩長住旃檀林

偶遊大愚見餘杭明雅照師舊識子瞻能言西湖舊遊將行
賦詩送之

五年賣鹽酒勝事不復知城東古道場蕭瑟寒松姿出遊誠偶爾
相逢亦不期西軒吳越僧弛擔未多時言住西湖中巖谷涵淸漪

郤背閭井喧曲盡水石奇昔年蘇夫子杖屨無不之三百六十寺處處題清詩麋鹿盡相識況乃比丘師辯淨二老人精明吐琉璃笑言每忘去蒲褐相依隨門人几杖立往往聞談詞風雲一解散變化何不爲辯入三昧火卯塔長松歎淨老不復出麈尾清風施蘇公得罪去布衣拂霜髭空存壁間字彎屈蟠蛟螭知我即兄弟微官此棲遲問何久自苦五斗寧免饑俛首笑不答且爾聊遨嬉我兄次公狂我復長康癡反復自爲計定知山中宜但欲畢婚娶毋爲故人疑君歸漫灑掃野鶴非長羈

將移績溪令

坐看酒壚今五年恩移巖邑稍西還他年貧富隨天與何日身心聽我閒山栗似參應自飽蜂糖如土不須慳仲卿意向桐鄉好身後丞嘗亦此間

約洞山文老夜話

山中十月定多寒纔過閒爐便出山堂眾久參緣自熟郡人迎請怪忙還問公勝法須時見要我清談有夜閑今夕客房應不睡欲隨明月到林間

將之績溪夢中賦泊舟野步

扁舟逢野岸試出步崇岡山轉得幽谷人家餘夕陽被畦多綠茹

堆屋剩黄粱深羡安居樂誰令志四方

謝洞山石臺遠來訪別

寘遂深山無友朋往還但有兩三僧共遊渤澥無邊處扶出須彌最上層未盡俗緣終引去稍諳眞際自虛澄坐令顛老時奔走竊比韓公愧未能

贈方子明道人

水銀成銀利十倍丹砂爲金世無對此人靳術不肯傳闔戶泥墻畏天戒今子何爲與我言人生貧富寧非天鉗鎚槖籥枉心力虀鹽布褐隨因緣我來江西晚聞道一言契我心所好廓然正若大

虛空平生伎倆都除掃予言舊事淨慈師未斷有爲非淨慈此術
要將救飢耳人人有命何憂飢

回寄聖壽聰老

五年依止白蓮社百度追尋丈室遊睡待磨茶長展轉病嘗煎藥
久遲晋贇公夜宿詩仍作巽老堂成記許求回首萬緣俱一夢故
應此物未沉浮

乘小舟出筠江二首

短舫漂浮眞似葉小篷低淺僅如巢幽吟但覺山川走困睡不知
風雨交紅飯白醪供醉飽靑蓑黃篛可纏包一竿鶴髮他年事萬

斛龍驤任見嘲

宦遊欲學林間鵲每到新年旋疊巢蓬蓊籠船聊似屋漁樵把臂便成交不妨袖裡攜詩卷尚可床頭置藥包古史欲成身愈困客來未免答譏嘲

寄題孔氏顏樂亭

顏巷久已空顏井固不遷荆榛翳蔓草中有百尺泉誰復飲此水裹飯耕廢田有賢孔氏孫芟夷發清源廢床見綆刻古甃昏苔痕引缸注瓢樽千歲忽復然嗟哉古君子至此良獨難口腹不擇味四體不擇安遇物一皆可孰為我憂患阮生未忘酒嵇生未忘鍛

儒

欲忘富貴樂託物僅自完無託中自得嗟哉彼誠賢

徐孺亭

徐君鬱鬱澗底松陳君落落堂上棟澗深松茂不遭伐堂毀棟折傷其躬二人出處勢不合譬如日月行西東胡爲賓主兩相好一榻挂壁吹清風人生遇合何必同一朝利盡吏相攻先號後笑不須怪外物未可疑心胸比干諫死微子去自古不辨汙與隆我來故國空歎息城東舊宅生蒿蓬平湖十頃照清廟獨畫徐子遺陳公二人皆合配社稷胡不相對祠堂中

滕王閣

客從筠溪來欹仄困一葉忽逢章貢餘滉蕩天水接風霜出洲渚草木見毫末勢奔西山浮聲動古城業樓觀郤相倚山川互開闔心驚魚龍會目送鳧雁滅遙瞻客帆久更悟江流濶史君東魯儒府有徐孺榻高談對賓旅確論精到骨餘思屬湖山登臨寄遺堞驕王應笑滕狂客亦憐勃萬錢罄一飯千金貢豐碣豪風相凌蕩俳語終倉猝歐陽文忠公嘗云王勃記文似俳而時人貴之如此何也事往空長江人來逐飛楫短篇竟蕪陋絶景費彈壓但當倒罍瓶一醉付江月

次韻道潛南康見寄

一葉追隨魚與龍紅粳白酒幸年豐也知山色遙相待苦畏君詩

欲見攻乘興風帆終日去尋幽蠟屐及春同請君先入開先寺待濯清溪看玉虹

車浮 并叙

結木如巢承之以簀沉之水中以浮識其處方舟載兩輪挽而出之漁人謂之車浮此詩所謂汕也與遲适同作車浮詩

巢魚得汕便爲家兩兩方舟載小車謀食旋遭芳餌誤求安仍值積薪遮情存未免人先得欲盡要令物莫加身似虛舟任千里世間何處有羣罝

題都昌淸隱禪院

北風江上落潮痕恨不乘舟便到門樓觀飛翔山斷際松鈎陰翳

水來源升堂猿鳥晨窺坐乞食帆檣莫遠村誰道谿巖許深處一

沓行草認元昆長老惟湜曾識于瞻兄於淨因有簡刻石

逢章戶掾赴澧州

江船不厭窄船窄始宜行風裏長先過灘頭一倍輕迎親無點處

祿養勝躬耕澧上春闌早猶堪吊屈生

除夜泊彭蠡湖遇大風雪

莫發鄡陽市曉榜彭蠡口微風吹人衣霧遶廬山首舟人釋篙笑

此是風伯候杙舟未及深飛沙忽狂走晴空轉車轂滌水起岡阜

眾帆落高張斷纜已不救我舟舊如山此日亦何有老心畏波瀾
歸臥塞牕牖土囊一已發萬竅無不奏初疑丘山裂復恐蛟蜃鬭
鼓鍾相轟豗戈甲互磨叩雲霓黑旗展林木萬弩彀曳柴眩人心
振旅擁軍後或爲羈雌吟或作倉兕吼眾音雜呼吸異出殊圈臼
中宵變凝冽飛霰集紛糅蕭騷蓬響乾晃蕩窗光透堅凝忽成積
澎湃殊未究紵縞鋪前洲瓊瑰琢邐岫山川莽同色高下齊一覆
淵深竄魚鼈野曠絕鳴雊孤舟四鄰斷餘食數升糗寒虀僅盈缶
腊肉不滿豆敝裘擁衾眠微火拾薪搆可憐道路窮坐使妻子詬
幽奇雖云極岑寂頗未覯一年行將除茲歲眞浪受朝來陰雲剝

林表紅日漏風稜恬巳收江練平不縐兩槳舞夷猶連峯吐奇秀
同行賀安穩所識問癯瘦驚餘空自憐夢覺定眞否春陽着城邑
屋瓦凍初洒艱難當有償爛熳醉醇酎

正旦夜夢李士寧過我談說神怪久之草草爲具仍以一小
詩贈之

先生惠然肯見客旋買雞豚旋烹炙人間飲食未須嫌歸去蓬壺
郤無喫

舟中風雪五絶

北風吹雪密還稀雪勢漸多風力微孤棹獨依銀世界山川路絶

欲安歸
膮風吹浪作銀山夜雪爭妍布玉田風力漸衰波更惡通宵撼我
正安眠
擁纜埋蓬不見船船窗一點莫燈然幽人永夜歌黃竹賴有丹砂
暖寸田
濁醪麤飯不成歡白浪飛花雪作團窗外時來一雙鴨沉浮笑我
不禁寒
江面澄淸雪未融扁舟蕩漾水無蹤篙師不用怱怱去遍看廬山
羣玉峯

題南康太守宅五老亭

五老高閑不入城開軒肯就史君迎坐中莫著閑賓客物外新成六弟兄雲氣飄浮衣袂舉泉流灑落佩環聲炭然終日俱無語靜壽相看意自明

陪南康太守訪廬山劉顗宮苑山居留題三絕

書廬山劉顗宮苑屋壁三絕一作陪南康太守訪廬山劉顗宮苑留題三絕

山西舊將本書生歸老巖間未厭兵卧聞布水中宵起錯認邊風萬馬聲

雕弓挂壁恥言勳出入樵漁便作羣五馬親來看射虎不愁醉尉惱將軍

肩輿已棄躡風騅舊物仍存楊柳枝一曲淸歌近尤好五陵故態未全衰

再遊廬山三首

當年五月訪廬山山翠溪聲寢食閒藤杖復隨春色到寒泉頓與客心閑巖頭懸布煎茶足峽口驚雷泛葉慳待得前村新雨遍扁舟應遂好風還

憶自栖賢夜入城道邊蘭若一僧迎偶然不到終遺恨特地來遊慰昔情海外聲聞安至此堂中天鼓爲誰鳴怱怱復向深山去一盞醍醐飽粟罌羅漢院有新羅羅漢堂中法鼓特大

此山巖谷不知重赤眼浮圖自一峯老蹯隨僧踐黃葉曉光消雪

隱長松石泉試飯先師錫午飯歸尋下寺鐘勝處轉多禪恐出

山椎見白雲遲

激陽阻風

鍾陵距池陽相望千里內江神欺我貪廣作風雨饕欲投皖公宿

三日逢一晴孤篷面空山朝食淡無米白醪辛餘瀝黃花漫相對

飢吟非爲病疾走老所戒焦先近不遠蟫合鬧偷在區區問蒼生

借我一舸快

張嘉祁

道人何爲者陽狂時放言寶塔胥所構鈇券今尚存此張所言其餘都不可曉
漫浪難究悉孰知彼根源草菴劣容膝俯仰拳肩跟無食輒行乞
一飽常閉門爾來二十年未嘗變寒温嗟哉豈徒然此意未易言
偶來一笑喜但恐笑我昏

效韋蘇州調嘯詞二首

漁父漁父水上微風細雨青蓑黄蒻裳衣紅酒白魚莫歸莫歸莫
歸歸莫長笛一聲何處

歸雁歸雁飲啄江南南岸將飛却下盤桓塞北春來苦寒苦寒苦
寒寒苦藻荇欲生且住

至池州贈陳鼎秀才

淮陽學舍舊相依，常誦曹溪第一機。卻到江西心有悟，回看過去事皆非。孤舟遠適身如寄，二頃躬耕道自肥。欲看齊山君去否，閑中徒侶近來稀。

次韻遲初入宣河

遠客安長道，低篷稱小溪。雲添濕帆雨，舟滯沒篙泥。草綠耕牛健，村深候鳥啼。陶翁方作令，歸去未成題。

次韻侯宣州利建招致政汪大夫

社甕壺漿接四鄰，肩輿拄杖試紅塵。慣眠林下三竿日，來看城中

萬井春世上升沉無限事樽前强健不貲身經過已足知公政長
見車中有老人

次韻侯宣城疊嶂樓雙溪閣長篇

作官如負擔一負當且弛不知息肩處妄問道遠邇我乘章江流
郤入宛溪水捨舟陟隺嵬行路極句已名都便欲過佳處賴公指
仰攀疊嶂高俯閱雙溪美不悟身乘空但覺風吹耳雲烟變遥竪
歌吹鬨近市倦遊得清曠行役有新喜公言頓榛穢斬伐從我始
堰水種蒲蓮開山蒔梅李擁本待成陰養花要食子遺風揖桓謝
父老邀黄綺邦人魚依蒲食客莪在芷春陰迫寒食謂我姑且止

嗟余去鄉國屢把刀環覩感公鵠鷺修憐我鳧鴨連異邦逢故人寧復固辭理高談雲漢上爛醉笙歌裡落日盡公歡推挽未應起

初到績溪視事三日出城南謁二祠遊石照偶成四小詩呈諸同官

行年五十治丘民初學催科愧廟神無限青山不容隱卻看黃卷自憐貧雨餘嶺上雲披絮石淺溪頭水歷鱗指點縣城如手大門前五柳正搖春

右梓桐廟

石門南出衆山巔沃壤清溪自一川老令舊諳田事樂春耕正及

雨晴天可憐鞭撻終無補早向藂祠乞有年歸告仇梅省文字麥
苗含穗欲蠶眠

右汪王廟

行盡清溪到碧峯陰崖翠壁畫杉松故留石照邀行客上徹青山
最後重

雨開石照正新磨鳥度猿攀野老過忽見塵容應笑我年來底事
白鬢多

右石照二首

縣中諸花多交代江君所栽牡丹已過芍藥方盛偶寄小詩

偶來山邑便成家慚愧潘生滿縣花想見清樽檻邊飲尚留佳句
壁間誇根株未老年年好艷色穠日日加聞道北遊無意味春深
河上足風沙

楊主簿日本扇

扇從日本來風非日本風風非扇中出問風本何從風亦不自知
當復問太空空若是風穴旣自與物同同物豈空性是物非風宗
但執日本扇風來自無窮

次韻答人幽蘭

幽花耿耿意羞春紉佩何人香滿身一寸芳心須自保長松百尺

有爲薪

次韻江法曹山間小酌

高情不奈簿書圍行揖青山肯見隨緑野逢花將盡日清樽迨我正閑時簷間雙燕欲生子葉底新梅初滿枝笑殺華陽窮縣令床頭酒盡只嚬眉

官舍小池有鸂鶒遺二小雛二首

半畝清池藻荇香一雙鸂鶒競悠揚來從碧澗巢安在飛過重城毋自將野鳥似非官舍物宰君昔是釣魚郎直言愧比奇章老得縣無心更激昂

清池定誰主鸂鶒自來馴知我無傷意憐渠解託身橋陰棲息穩

島外往來頻勿食遊魚子從交長細鱗

次韻答江法曹見寄

對案青山雲氣騰天將隙地養無能窗屏迎暑梅將澑虛市無人

冷欲冰寂默忘言慚社燕毰毸困睡比春鷹深知大府容衰病復

值年來蠶麥登

次韻答魏孝仙檻竹

猗猗元自直落落不須扶富節風催展清陰月共鋪苔長傲霜雪

根瘦恥泥塗更種愁無地應須剪碧蘆

欒城集卷之十三終

癸丑六月初九日

欒城集卷之十四

宋眉山蘇轍子由著

明東吳王執禮子敬
顧天叙禮初　仝校

詩八十五首

次韻王荐推官見寄

可憐衰病欵爲媒，私喜隣邦得儁才。玉案愧無酬錦繡，木瓜郤用報瓊瑰。風流似欲傳諸謝，格律猶應學老梅。始信山川出才士，扁舟新自死溪來。荐宣人也

郭尉愿惇夫以琳上人書詩爲示次韻

深宮美人百不知飮酒食肉事遊戲彈絲吹竹舞羅衣曲終對鏡

周昉畫美人歌

成清淨動遲暄

未能休琴嫌不辨彈新曲學廢誰論令致東修慚愧邑人嫌病懶甚

連宵暑雨氣如秋過客不來誰與遊頻有德言相顧坐令彭澤

次韻汪琛盛得見贈

栗蔡只自如

數紙書來作一團何許反官供五前未應無間渠秋後來相訪虎

勉强冠裳四十餘同官早歲亦山居胡承過我三年日補有幽佇

理鬟髾岌然高髻玉釵垂雙鬟窈窕蓦葉微宛轉躑躅從嬰兒倚
檻楯檻皆有姿擁扇執拂知從誰瘦者飛燕肥玉妃俯仰向背樂
且悲九重深遠安得窺周生執筆心坐馳流傳人間眩心脾飛瓊
小玉雲霧幃長風吹開忽見之夢魂清夜那復追老人衰朽百事
非屏卷一笑亦胡爲持付少年良所宜

病中郭尉見訪

偶成三日寒兼熱知是多聞力未全卻問藥王求妙劑懸非摩詰
已虛圓勞公強說修行漸顧我方爲病垢纏應是床頭有新酒欲
邀佳客故留連

病後

一經寒熱攻骸骨，正似兵戈過室廬。柱木支撑終未穩，筋皮收拾久猶疎。芭蕉張王要須朽，雲氣浮游畢竟虛。賴有衣中珠尚在，病中點檢亦如如。

復病三首

病作日短至，病消秋氣初。山深足氛瘴，俗儉少肴蔬。藥亂曾何補，心安當自除。朝廷閔流落，已是脫遷居。

其二

寒作埋氷雪，熱攻投火湯。今生那有此，宿業未應亡。委順一無損，

力争徒自傷頹然付一榻是處得清涼

其三

一病五十日復爾嘗解官不才歸亦樂無食去猶難黽勉人應笑低徊意已闌舊師摩詰老把卷靜中看

送琳老還大明山

身老與世疎但有世外緣五年客江西掃軌謝往還依依二三老示我馬祖禪身心忽明曠不受垢污纏偶成江東遊欲別空悽然緣散眾亦去飄若風中烟高安三長老與之甚熟別後文老去洞山聰老去聖壽全老化去 華陽本荒邑緇素明星懸偶然得老尉舊依自王山璉公善知識不見

十九年我昔未聞道問以所入門告我從信入授我普賜篇冉冉
百尺松起自一寸根南歸髮盡白尺書今始傳不知鄰邑中乃有
門人賢百里走相訪觸熱汗雨翻懷中出詩卷清絶如斷蟬我適
病寒熱氣力才綿綿空齋默相向欲語不能宣未暇答佳意歸錫
鏘金環空有維摩病愧無維摩言

病退

冷枕單衣小竹牀臥聞秋雨滴心涼此間本淨何須洗是病皆空
豈有方示疾維摩元自在放身南嶽離思量病根欲去真元在中
夜夢遊何有鄉

病後白髮

枯木自少葉不堪經曉霜病添衰髮白梳落細絲長筋力從凋朽肝心罷激昂勢——如秋後雨一度一凄凉

答琳長老寄幽蘭白朮黃精三本二絶

谷深不見蘭生處追逐微風偶得之解脱清香本無染更因一嗅識眞如

老僧似識衆生病久在山中養藥苗白朮黃精遠相寄知非象馬費柔調

次韻侯宣城題疊嶂樓

小邑來時路宣城最近隣樓臺百年舊花竹一番新登覽春深日

凝思病後身何時對樽酒重爲洗埃塵

初聞得校書郎示同官三絶

讀書猶記少年狂萬卷縱横曬腹囊奔走半生頭欲白今年始得

校書郎

百家小邑萬重山慙愧斯民愛長官粳稻如雲梨棗熟暫留聊復

爲加飡

病後濁醪都少味老來歡意苦無多臨行寂寞空相對不作新詩

柰客何

績溪二詠

（豁然亭）

南看城市北看山，每到令人意豁然。碧瓦千家新過雨，青松萬壑正生烟。經秋卧病闌斤響，此日登臨負酒船。徑請諸君作佳句，壁間題我此詩先。

右豁然亭

（翠眉亭）

誰安雙嶺曲彎彎，眉勢低臨戶牖間。斜擁千畦鋪淥水，稍分八字放遥山。愁霏宿雨峯巒濕，笑卷晴雲草木閑。忽憶故鄉銀色界，舉頭千里見蒼顏。

右翠眉亭

辭靈惠廟歸過新興院書其屋壁

來時稻葉針鋒細去日黃花黍粒麤久病終慙多儆政豐年猶喜慰耕夫青山片片添紅葉漆水星星照白鬚東觀校讐非老事眼昏那復競鉛朱

郭尉惠古鏡

凜如秋月照虛空過水留形處處同一瞬自成千億月精神依舊滿胸中俗言以鏡予人損已精神故解之云

歙縣歲寒堂

檻外甘棠錦繡屛長松何者擅亭名浮花過眼無多日勁節凌寒

盡此生暗長茯苓根自大旋收金粉氣尤清長宮不用求琴譜但
聽風吹作弄聲

邵武游氏老人三清堂紫芝

黑龜赤鳳早逢師白髮蒼顏老不衰丹鼎一九深自祕紫芝三葉
郤先知烟熏晴日雲容薄色凝秋霜玉性奇何日刀圭救羸病盡
芟荆棘種交梨

神宗皇帝挽詞三首

稽古堯無作勤邦禹有功政新天地力事改漢唐風禮樂寰中盛
梯航海外通華封徒有誦龍御忽乘空

其二

承平終不處副託重艱難統掖神孫正人依聖母安橋山封劒佩原廟見衣冠萬國纏哀處嵩陽檜柏寒

其三

取士忘疎賤量書廢寢興匆言本何益玉殿最先登日角依俙想堯言渤澥稱龍髯遠莫及零淚凍成冰

舟過嚴陵灘將謁祠登臺舟人夜解及明已遠至桐廬望桐君山寺縹緲可愛遂以小舟遊之作二絕

扁舟忽草出山來慚愧巖公舊釣臺舟子未應知此恨夢中飛楫

定誰催

嚴公釣瀨不容看猶喜桐君有故山多病未須尋藥錄從今學取

衲僧閑

泝潮二首

潮來海若一長呼潮去蕭條一吸餘初見千艘委泥土忽浮萬斛

泝空虛映山少避會非久借勢前行都自如天地尙遺人意料乘

時使氣定麤疎

定練縈回出海門黃泥先變碧波渾初來似欲傾滄海正滿眞能

倒百源流枅飛騰竟何在扁舟聊眼久仍存自慚不作山林計來

往終隨萬物奔

贈王復處士

候潮門外王居士，平昔交遊遍海涯。本種杉松爲老計，晚將亭榭付隣家。爲生有道終安隱，好事來遊空歎嗟。猶有東坡舊詩卷，忻然對客展龍蛇。王君舊有園亭，子瞻兄名之曰種德，其亭頃以貧故鬻之矣。

張惕山人即昔所謂惠思師也，余舊識之於京師，忽來相訪，茫然不復省，徐自言其故，戲作二小詩贈之

昔日高僧今白衣，人生變化定難知。故人相見不相識，空怪解吟無本詩。

聽誦長江近章句喜逢澄觀已冠巾醉吟擗弄淸潮水誰信從前戒律人

次韻子瞻送楊傑主客奉詔同高麗僧遊錢塘

人言長安遠如日三韓住處朝日赤飛帆走馬入齊梁卻渡吳江食吳橘玉門萬里唯言九行人淚墮陽關酒佛法西來到此間遍滿會如屈伸手出家王子身心虛飄然渡海如過渠遠來忽見傾盆雨屬國眞逢戴角魚至人無心亦無法一物不見誰爲敵東海東邊定有無拍手笑作中朝客

寄龍井辯才法師三絕 并叙

轍自績溪蒙恩召還將自宣城泝大江以歸家兄子瞻以書告
曰不如道歙溪過錢塘一觀老兄遺迹轍用其言既至吳中迫
於水涸不能久留十月八日遊上天竺子瞻昔與辯才師相好
今隔南山不得見乃作三小詩以寄之

我兄教我過東吳遺墨山間無處無忽報冬潮催出堰俗緣深重
道心麤

山色青冥葉未紅湖光凝碧曉無風行窮上下兩天竺望斷南山
龍井龍

井水中藏東海魚側盆翻雨洗凡夫隔山欲共公相見莫道從來

一滴無

元絳參政挽詞

吳越朝天功在民當年卿相亦仁人曾孫終與元豐政故老猶知異代因吏治清明開白日文詞俊發吐青春鄴都從事堂中客涕灑高原栢子新

過王介同年墓

平生使氣坐生風徐叩方知學有功應奉讀書無復忌虞翻忤物自甘窮埋根射策久彌奮投老爲邦悍莫攻墳木未須驚巳拱少年我亦作衰翁昔與中甫同登制科僕年最少今巳老矣

將遊金山寄元長老

麤砂施佛佛欣受怪石供僧僧不嫌空手遠來還要否更無一物可增添

元老見訪留坐具而去戲作一絕調之

石霜舊奪裴休笏坐具只今君自留留放書房還會否受降會不費戈矛

元老和示小詩自謂非戰之罪復作一絕并坐具還之

請君却頒彌天具不欲終收陷虎名莫道昏沉非戰罪何如不戰屈人兵

子瞻與長老擇師相遇於竹西石塔之間屢以絶句贈之又留書邀轍同作遂以一絶繼之

遠老陶翁好弟兄虎溪廬阜久逢迎何須更要經平子清議從來貴士衡

高郵贈別杜介供奉

淮南魚米年年賤直便歸休無俸錢錦背圖書何益事塵生弦莞正參禪逢人未廢一樽酒送客長隨百里船世上得如君自在不須開府事開邊幾先去年送家兄子瞻至高郵今年復留此相別

答王定國問疾

五年竄南荒頑質不伏病吸淸吐濁穢氣練骨隨勁澹然久忘歸
寂寂就遐房國恩念流落牽挽昇隣境葉舟泝長江藤鞋過重嶺
峽深蔦蘿惡山嶮崖石橫㾞召夏初發氛霧秋愈盛菘蕹食有時
豚羔詎曾省門閑訟氓入日晏鴂舌競肝脾得寒熱氷炭迫晨暝
俚醫固空疎蠻覡劇獰猛老妻但坐哭遺語未肯聽長子亦在床
一臥昏不醒思歸未可得即死付前定如如性終在冉冉歲將冷
筋骸稍輕安冠服强披整餘方厭苓术日食禁醪茗髮衰亂隨櫛
骨瘦空看影簿書勉復親環玦非所請馬老固伏櫪槎流舊安井
凌競就輕車邂逅出修綆此生誠夢幻俛仰成吊慶故人枉新詩

音

萬里慰孤耿賞音我非曠斲鼻君眞郢南遷昔所同卧疾今亦並
遠行信由天未死庸非命歸舟正飄兀齋舍念淸淨作書附鴻翼
去路瞻斗柄閙水漸安流吳音未全正一樽對淸言及此冬夜永

和子瞻次孫覺諫議韻題邵伯閘上斗野亭見寄

扁舟未遽解坐待兩閘平濁水汙人思野寺爲我淸昔遊有遺咏
枯墨存高甍故人獨未來一樽誰與傾北風吹微雲莫寒依月生
前望邗溝路郤指鐵甕城茅簷卜茲地江水供晨烹試問東坡翁
畢老幾此行奔馳力不足隱約性自明早爲歸耕計免慙老僧榮僧榮斗野主人也子瞻將卜居丹陽蒜山下此亭正當歸路故云爾

次韻子瞻題泗州監倉東軒二首

肩輿翩翩渡浮梁，吏隱知君寄一倉。十里遥看飛皂蓋，小軒相對有壺漿。清霄往往投車轄，永日霏霏散篆香。留滯淮南久仍樂，莫年何意復爲郎。

萬斛塵飛日爲霾，無心退食自成齋。梅生紅粟初迎臘，魚躍銀刀正出淮。臥病空看帆度磧，誦詩猶記雪填堦。夾河南北俱形勝，且借高城作兩崖。

答顏復國博

歲晚河水畱畫船，一軒修竹喜蕭然。詩詞温厚新成格，道論精微

近八禪病後不勝清醑釃別時仍得舊書傳欲成古史須咨考陋
巷何因接尺椽

次韻王定民宣德

彭城寺壁看詩來顏氏瓢樽偶共開茅屋未完先鑿沼竹林成後
想宜梅新詩妙絕難爲繼高論微低得共陪第一詞人生不識玆
行尚喜揖君才

河氷

扁舟多艱虞與我平日類初乘滂洋流旋涉凍淺地日西陰風作
夜半流澌至悄然孤寂枕覺此凝冽氣河聲噤不喧燈花結復墜

忽來觸舟去聲與裂帛似平明發窗扉吏卒殭未起奔騰陣馬過
洶湧晴雲駛紛紛散環玦卷卷浮席被匯流忽騰踆曲岸相撐抵
欹危起丘山汗漫接洲沚連艘恣凌轢千槌競紛委剛強初悍頑
潰散終披靡掃除就虛曠沿泝弄清泚我行無疾徐乘流得坎止
偶然追還期愧此墮千指陰陽有定數開塞亦常理窮冬治舟行
嗟此豈天意

復賦河氷四絶

客心凛凛怯寒氷擁褐無言夜漏深河伯似知歸意速風號西北
故相禁

春來歸夢劇飛鳧夜半流澌擁舳艫似勝去年彭蠡口雪封廬岳浪翻湖

朝來縣令借長船仍遣千夫上下牽不惜瓊瑤分衆手貪看雪片滿河壖

輕紈破碎珮環流顛倒鏘鳴亂觸舟解紼投篙曾不顧不知何處擁汀洲

河氷稍解喜呈王適

留滯江湖白髮生西歸猶苦涷峥嶸春風未到氷先解河水初深船自輕去國偶然經晝夢逢人稍欲問都城羈鴻共有成行喜雙

鯉應將尺素迎

河氷復結復次前韻

懊惱河氷散復生徂年近巳失崢嶸身留短舫厭厭睡目送飛鴻一一輕引縴低徊疑上坂打淩辛苦甚攻城東風憐我歸心速稍變楊梢百里迎

題南都留守妙峯亭

我登妙峯亭欲訪德雲師春陽被原野灘渙含流澌未復桃李色稍增松桂姿孑孑東來檣冉冉將安之萬物委天運此身免奔馳悵然懷舊遊一丘覆茅茨清泠久沮洳文雅空頹隳提攜二三子

醉倒春風吹不見妙峯處安知德雲期南遷久忘反有獲空自知
歸來覽新構恍然發深思遠行極南海此地初不移酌我一斗酒
盡公終日嬉德雲非公歟相對欲無詞

次韻發運路昌衡淮南見山堂

疊石初成得賜環未應苔蘚上蒼顏據鞍華岳旌旄裡回首淮山
夢想間烽火日傳西塞靜丘陵應伴壯心閑終南太白皆公有肯
向庭中更作山

送戴朝議歸蜀中

岷山招我早歸來劍閣橫空未易回北叟忽驚鶗鴂晚西轅欲及

海棠開避佻賦客親耕耒因亂詩翁著酒杯但愛江山無一事爲言父老莫相猜

後省初成直宿呈子瞻二首

掖垣初罷斧斤響棟宇猶聞松桂香江海暫來俱野客雲霄並直愧華堂月明似與入烟遠風細微聞禁漏長諫草未成眠未穩始知天上極淸涼

射策當年偶一時對床夜雨失前期廬間還往無多地夢裏追尋亦自疑蠣墨屢乾朝已入囊封希上出猶遲茅簷半破松筠老歸念蕭然欲語誰

次韻子瞻送陳睦龍圖出守潭州

海上石橋條折棟大舶記君過鐵甕東行萬里若乘空老蛟長鯨
歷入聲波搖風卷臥不起免教譯內鼓磨崩歸來過我話艱苦驚
汗津津尚流沫海涯風物畫成圖錯落天吳兼紫鳳至今想象隔
人世往往風濤吹晝夢長沙欲往鵬飛相幸有千兵作迎送文章
清邊也少比科第崢嶸聲自重遠行應屈衆所歎出祖誰攀車欲
動明朝鼓角背王城虎聽單于吹曉弄子雍奉使三韓轍時在南都見其往返故此詩言之

送于之廷西歸

京落東遊歲月深相逢初喜解微吟夢中助我生池草別後同誰

飲竹林文字承家憐汝在風流似舅慰人心便將格律傳諸弟王謝諸人無古今

駕幸親賢宅贈隨駕諸公

日日南風夜氣煩一聲鳴蹕萬人看禁溝飛水淸黃道涼殿分氷遍從官急雨未成昏觀闕微飈稍覺泛和鑾相看揮汗塵埃裡散髮何人簪不冠

次韻子瞻飲道者院池上

雨氣涼侵殿河流滲入池黃粱瀹魚子白酒瀉鵞兒風細初生衵塵淸免汗脅郊行不易得拂壁看題詩

答孔平仲惠蕉布二絶

袭葛終年累已輕，薄蕉如霧氣尤清。應知浣濯衣稜敗，少助晨趨萃蔡聲。

燈籠白葛扇裁紈，身似山僧不似官。更得雙蕉縫直掇，都人渾作道人看。

次韻朱光庭司諫喜雨

焦枯蓮夏火，洗濯待秋霖。都邑溝渠淨，郊原黍豆深。流膏侵地軸，晴意動風琴。誰似臣居易，先成喜雨箴。

次韻光庭省中書事

放浪江湖久惰慵安排誰置從官中麤踈空與延和對開納初還

正觀風二鄙兵消眞帝力四方雨足自天功時將一勺傾滄海漫

使人知達四聰

送張恕朝奉南京簽判二首

楚蟹吳柑初著霜梁園官酒試羔羊老如計相非無齒淸似留侯

未鄙糧杖屨稍通賓客過殺蔬要遺子孫嘗詔書委曲如公意幕

府新除朱紱郎

朱紱還家罷倚門留都無事最宜親下車趨走驚隣舍决獄平反

慰老人相見只今多邂逅舊遊他日半埃塵何年重起扁舟興會

作東湖十日賓

送賈訥朝奉通判劄州

歸念長依落日邊壺漿今見逆新官聲傳巳覺謳歌遍身到前知政令寬民病賢人來巳暮時平蜀道本無難明年我欲修桑梓爲賞庭前荔子丹劄州倅廳舊有荔支二株甚大

次韻黃庭堅學士猩毛筆

不悟身邊一斗紅聖賢隨世亦時中何人知有中書巧縛送能書陳孟公

李誠之待制挽詞二首

脫遺章句事經綸滿腹龍蛇自屈伸南駕威聲傳絶域西征舊恨失姦臣空留諫疏驚頹靡終託詩詞話苦辛直氣如雲未應盡一雙嗣子亦騏驎

濟南風物在西湖湖上逢公初下車談笑樽前伏齊虜旌旗門外聽除書一封未奏先焚草三黜歸來便種蔬淚落西堂歌酒地杉松空見歲寒餘

司馬温公挽詞四首

白髮三朝舊青山一布衾封章留帝所德澤在人心未起謳吟切來歸顧託深楊公不久住天意定難忱

其二

決策傳賢際，危言變法初。紛紛看往事，一一驗遺書。富貴終何有

清貧只自如。西州不忍過，行哭便回車。

其三

區區非爲己，懇懇欲忘生。力盡心終在，身亡勢亦成。遺民抛劍戟

故老半公卿。魏丙生前友，俱傳漢相名。

其四

少年負狷淺，射策本疏疎。欲廣忠言地，先收衆棄餘。流離見更化

邂逅捧除書。超孟終知厭，他人悲豈予。

送表弟程之元知楚州

與君外兄弟初如一池魚中年雲雨散各異澗谷居客舍復相從語極長欷歔青衫奉朝謁白髮驚晨梳百年不堪把一樽歡有餘淸言我未厭昨夜聞除書淮南旱已久疲民食用蔬詔發上供米仍蔬古邗渠要須賢使君均此積歲儲徑乘兩槳去不待五馬車别離難重陳勞徠不可徐政成得召節歲晚當歸歟

送王震給事知蔡州

朝廷入忘返冠蓋如雲屯賢哉貴公子獨以民社言西臺出命書落筆波濤翻東臺典封駁坐惜日月奔試劇得上蔡高臥强東藩

旱歲獨多麥時雨如傾盆鈴軒省鞭扶幕府多壺樽逡巡文字樂
斥去簿領煩賜環行當至坐席恐未溫三槐日成陰富貴屬曾孫

送王廷老朝散知虢州

滿腹貯精神觸手會衆理一廢十五年直坐才多爾我昔遊宋城
憶始識君子簿書塡丘山賓客亂蜂蝗出尋城下宅屢屣床前履
淸談如鋸木落屑紛相委解頤自有樂置酒姑且止逡巡破黃封
婉娩歌皓齒風高熊正白霜落蟹初紫夜闌意未厭河斜客忘起
歸來笑僮僕熟醉未曾爾江湖一流蕩歡意日頹弛西還經舊遊
相逢値新喜詔催西州牧門有朱轓柅都城挽不住山賊近方侈

提刀索崖谷，援桴動閭里。居家百無與，王事非有已。何日卻休官，復飲梁王市。

送曾有開中大知洺州次子瞻韻

仲連雖不仕，而非綺與園。逡巡笑談間，屢解戰鬬繁。子敬識二孫，長揖鼓聲喧。意氣感周郎，振策起江村。二賢繼英風，千載爲高門。曾孫事仁祖，風義夙所敦。臺閣餘故事，父老稱遺言。白髮識公子，十載友元昆。婆娑久不試，俛仰色愈溫。五馬忽嘶鳴，朱輪夾征軒。旌旆隔河至，部曲幾人存。銅虎不可留，芻狗行當燔。秋潦決河防，遺黎化驚魂。憂心念千里，何暇把一樽。西城叩門別，南風吹帽翻。

嗟我限出謁未敢逾短垣新晴水尚壯想見民驚奔安得萬丈堤

止此百里渾姑爾救一境誰當理其源百聞貴一見尺書爲我論

欒城集卷之十四終

欒城集卷之十五

宋眉山蘇轍子由著　　明東吳王執禮子敬　顧天叙禮初　仝校

詩八十五首

送陳侗同年知陜府

上書乞江淮得請臨關河所得非所願親友或相訶丈夫志四方所遇常逶迤況當國西屏形勝古來多崑渠瀉北郭華岳垂東阿羌虜昔未平驛騎如飛梭間諜時出没關梁苦誰何爾來一清淨西望多麥禾魏絳方和戎先零正投戈秦人釋重負道路聞行歌

便當臥齋閤次第除網羅時時一嘯咏未用勤催科諸孤寄吳越食口如鴈鶩時分槖中金何必手自摩

次韻李曼朝散得郡西歸留別二首

風波定後得西歸烏鵲喧呼里巷知未熟黃粱驚破夢相看白髮信乘危豚肩尚有冬深味甕器應逢市合時父老為公留臘酒不須猶唱式微詩

懷印徒行尚故衣郎中掾史見猶疑千人上塚鄉闗動五馬行春雨澤隨醉裏墜車初未覺道中破甑復誰悲西行浸遣親朋喜草賦陶翁歸去詩

送程建用宣德西歸

昔與君同巷參差對柴荆艱難奉老母弦歌教諸生藜藿飽臧獲布褐均弟兄貧賤理則窮禮義日益明我親本知道家有月旦評逡廵戶牖間時聞歎息聲善惡不可誣孝弟神所聽我見此家人處約能和平它年彼君子豈復地上行爾來三十年遺語空自驚松阡哭天末苦淚緣冠纓子親八十五皤然老人星安輿及祿養平反慰中情月俸雖不多足備甘與輕今年復考課得秩真代耕倚門老鶴望策馬飛鴻征歸來歲云莫手奉屠蘇觥我詩不徒作以遺鄉黨銘君昔嘗稅居與敝廬東西相望武昌君見其家事知非貧賤人也此語未嘗語人俛仰三十年矣因君西

歸作詩言之

不覺流涕

次韻子瞻杜介供奉送魚

天街雪霽初通駟，禁籞冰開漸躍魚。十尾煩君穿細柳，一杯勸我

苐青蔬。寒樽獨酌偶逢客，佳句相酬不用書。江海歸來叨禁近，空

令同巷往來疎。

次韻子瞻招王遷胡諸晚飲

矯矯公孫才不貧，白駒衝雪喜新春。忽過銀闕迷歸路，誤認瑤臺

尋故人。訪我不嫌泥正滑，留君深愧酒非醇。歸時九陌鋪寒月，清

絶空教僕御顰。

子瞻與李公麟宣德共畫翠石古木老僧謂之憩寂圖題其後

東坡自作蒼蒼石留取長松待伯時只有兩人嫌未足更收前世杜陵詩

王君貺宣徽挽詞三首

妙年收賈傅白首貴玉陽志氣文章在功名歲月長遺孫依舊德故吏滿諸方河朔三持節斯民定不忘

其二

謫墮神仙侶飛翔鸞鳳姿舊逢黃石老陰許赤松期歷歷僧伽記

申申鄧傳詞翛然歸海嶠無復世人知公少年過泗州於僧伽塔中見一老僧謂公歸眎祖墓有白兎者君當第一人及第已而果然旣登科見張鄧公爲公言吾爲射洪令尉捕得一人疑其行劫吾覺其非是釋之問其所從來則山中隱者也以藥遺我曰服此藥可以終天年而無病且約我貴極人臣今子方且貴愼毋咎辱道人公終身用其言輙佐公於大名親見公言之

其三

從軍在河上仗鉞喜公來幕府方閑暇歌鐘得縱陪它年老賓佐過國泣樓臺猶有墳碑在仍令故客開今樞密安公厚卿昔與輙同在幕府公家方求厚卿作墓碑

送杜介歸揚州

楊州繁麗非前世城郭蕭條卻古風尚有花畦春雨後不妨水調月明中東都甲第非嫌汝北牖羲皇自屬翁淸洛放船經月事急先趨鳩遶芳叢

次韻子瞻與鄧聖求承旨同直翰苑懷武昌西山舊遊

我遊齊安十日回東坡桃李初未栽扁舟亂流入樊口山雨未止淫黃梅寒溪聞有古精舍相與推挽登崔嵬山深縣令喜客至寺荒蔓草生經臺黃鷄白酒得野餽藤床竹簟無纖埃可憐遷客畏人見共怪靑山誰爲堆行驚晚照催出谷中止亂石傾餘壘古今相望兩令尹（謂元結與鄧君也）文詞灑落千山隈野人豈復識遺趣過客

時爲劌蒼苔五年留滯屐齒禿一朝揮手船頭開玉堂卻憶昔遊處笑問五柳應彫摧滿朝文士貴達憑凌霄漢乘風雷入參祕殿出華省何曾著足空山來漂流邂逅覽遺躅耳中尙有江聲哀

送楊孟容朝奉西歸

三十始去家四十初南遷五十復還朝白髮正紛然故人從西來鞍馬何聯翩握手得一笑喜我猶生全別離多憂患夢覺非因緣惟餘歸耕計粗有山下田久糜太倉粟空愧鄉黨賢老兄富治行令德齊高年幸此民事淸未厭軍壘偏父老攜壺漿稚子迎道邊應有故相識問我何當旋君恩閔衰病歸駕行將鞭

次韻孔武仲學士見贈

羨君耽讀書，日夜論今古。雖復在家人，不見釋手處。意求五車盡，未惜雙目苦。蓬萊倚霄漢，簡册充棟宇。學成擅囷倉，筆落走風雨。破籠閉野鶴，短草藏文虎。鬢鬚忽半白，兒女無復乳。知君不能薦，愧我終何補。偶來相就談，日落久未去。歸鞍得新詩，佳句爛如組。古風棄雕琢，遺味比樂府。且復調塤篪，泠然五音舉。

送家定國朝奉西歸

我懷同門友，勢如曉天星。老去髮垂素，隱居山更青。退翁聯科第，俯仰三十齡。仕宦守鄉國，出入奉家庭。鵠鷺性本靜，芷蘭深自馨。

新詩得高趣衆耳昏未聽笑我老憂患奔走如流萍冠裳强包裹
齒髪坐凋零晚春首歸路朱轓照長亭縣令迎使君綵服導輜軿
長歎或垂涕平反知有令此樂我已亡雖達終不寧

次韻劉貢父省上示同會二首

流落江湖東復西歸來未洗足間泥偶隨鵬翼培風上時得銜香
滿袖攜落筆逡巡看傑直醉吟清絶許分題相望魯衛雖兄弟終
畏鄰封大國齊

掖垣不復限東西賓客來衝霧雨泥白酒黃封開瀲灩朱櫻青籠
落提攜五花愧我連書判三道高君免試題誰遣松蒿同一谷凌

余

雲他日恐難齊

次韻孔武仲三舍人省上

君不見西都校書宗室叟東魯高談鼓瑟手偶然同我西掖垣並立曉班分左右龍文百斛世無價屬二公一瓦釜楞然但升斗諸兄落落不可望兩季幸肯分餘光大孔奮飛自南鄉聯翩羣鴈相追翔渠家冠蓋尤堂堂

送顧子敦奉使河朔

去年送君使河東今年送君使河北連年東北少安居慷慨憐君色自得河流西決不入土千里汗漫敗原隰壯夫奔亡老稚死粟

麥無苗安取食君憂臣辱自古然自說過門三不入忠誠一發鬼神輔心念旣通謀計集堤防旋立村落定波浪欲收蛟蜃泣二年歸國未爲久故舊相看髮猶黑成功豈在延世下好勇眞令腐儒服此時爲國頌河平當使君名長不沒

席上再送

人言虎頭癡勇作河朔遊黃河六七月不辨馬與牛單車徑北渡橫身障西流虎頭亦不癡志在萬戶侯徜徉歷三邊歸借坐上籌腰垂黃金印不受白髮羞此計雖落落但問有志不臨岐且一醉行役方未休

次韻孔文仲舍人酴醾

春晚凍不死，輕素暖仍歸。落蕊時吹面，繁香自撲幃。光凝直照夜，枝軟戎室衣。似厭風霾苦，應思霧雨非。開樽迎最盛，插抱見初稀。頗有清陰在，金波肯縱揮。

送錢承制赴廣東都監

家聲遠繼河西守，遊宦多假補外官。南海無波閑鬪柳，花瓷多暇得羞蘭。忽聞常棣歌離索，應寄果梅報平安。它日扁舟定歸計，仍將犀玉付江湍。

次韻曾子開舍人四月二日扈從一首

萬人齊仗足聲匀，翠葦徐行不動塵。夾道歡呼通老稚，從官雜遝數徐陳。旌旗稍放龍蛇卷，旒冕初看日月新。天遣雨師先灑道，農夫不復誤占辛。（農家常以上辛占麥，辛深則麥熟。今年正月八日得辛而雨不時應，駕未出一日，初得雷雨，麥始有望。）

衣冠雙日款蓬萊，簾脫瓊鉤扇不開。清曉遽驚三殿啟，翠華遙自九天來。晨光稍稍侵黃蓋，瑞霧霏霏著禁槐。千兩翟車觀禮罷，歸時滿載德風迴。（是日內外命婦皆會景靈，仰瞻二宮，肅然雍穆，不言而化。諸公之家有能言之者。）

再和

病起江南力未匀，強將冠劍拂埃塵。不雞自笑眞無用，芻狗何勞

山依約夢西歸

共翻飛問盧見日風靁聲斜漢橫空星斗稀多病心身佐清禁不故

還家未服拂塵衣攜被重來趁落暉省戶鳴騶人分散宮槐補闈

次韻張昌言給事省中直宿

八 西看慶軍回

萬方來從臣旃泣新宮柳又老行依輦路槐雙闕影斜朱戶啟都

宸心惻憫念汙萊阿籞西池閉不開長樂鳴鞘千乘出觀成庶邑

畢成功祚泣至

收已陳行從鑾旗風日細側聽廟樂管絃新誰知四載勤勞後併

次韻貢父子開直宿

擲筒搖毫氣吐虹，與餘庭藥詠殘紅。今宵文字知無幾，鼾睡簾中笑二公。

去年冬，轍以起居郎入侍邇英講，不逾時遷中書舍人，雖忝冒愈深，而瞻望清光與日俱遠，追記當時所見，作四絶句呈同省諸公

邇英肅肅曉霜清，玉宇時聞槁葉零。風過都城吹廣內，萬人笑語落中庭。

銅缾灑遍不勝寒，雨點匀圓凍未乾。回首曈曨朝日上，槐龍對舞

覆衣冠邇英前有雙槐甚高而柯葉拂地狀若龍虵講官進對其下

早歲西廂跪直言起迎天步晚臨軒何知老侍曾孫聖欲泣龍髯

吐復吞轍昔舉制策坐於崇政西廊蓋邇英之北也是日晚仁皇自延和步入崇政過所試幄前瞻望天表最爲親近

講罷淵然似不勝詩書默已契天心高宗問答終垂世未信諸儒

測淺深

次韻張問給事喜雨

已收蠶麥無多日旋喜山川同一雲禾黍趁時青覆壠池塘流潤

涤生文兩宮尙廢清晨集中禁初消永夜薫倉粟半空民望足深

耕疾耨肯忘君

次韻宋構朝請歸守彭州

得郡迎親願不違書來無復寄當歸馬馳未覺西南遠鳥哺何辭日夜飛湖水欲平官舍好菜征初復訟諜稀平反聞道加飧飯五袴應須換被衣

次韻劉貢父西掖種竹

竹迷誰定知迷否趣取滂沲好雨初栽向鳳池吹律處斸從芸閣殺青餘迎風一嘯朝回早弄月相差直宿疎應怪籍咸林下客相看不飲作除書仲馮方作左史必與貢父並直於此

次韻劉貢父省中獨直

簾深巧爲隔朝暾竹密時能引雀喧朝罷宿酲還續夢靜中諸妄稍歸根坐曹聞道仍分省出沐誰當與比軒竹簟茅簷它日事重因遺詠記君恩

得告家居次韻貢父見寄

君恩賜告許歸來雨後中庭有緑苔起問日高三丈久臥聞車過九門開泥封連日傳新語脱脫知君有軼才（十八二十二兩日除目猥多）待得晴乾追後乘未應塵土熱如灰

黃幾道郎中同年挽詞二首

温恭天賦此心良惠愛人知政術長井水無波任汲綆牛刀投隙

應宮商分符出遍名城守才被歸從華省郎不到汝陰遺恨遠坐令湖水減清光

早歲相從能幾時淮陽花發正遊嬉鳴弓矍相人如堵席地滄浪柳作帷十載舊游眞是夢一時佳客尚存誰遙聞葬日車千兩漬酒綿中寄一悲輒昔與幾道相遇於陳陳守張聖民相與游從甚密逮今將三十年當時賓客在者少矣而幾道復化去言之悽惻無已

和王定國寄劉貢父

度嶺當年惜遠行過淮今日似前生留連秋思江侵海搖蕩春心花滿城欲寄尺書慵把筆偶聞佳句獨含情何時復看清虛會醉

聽簷爭促柝聲

故濮陽太守贈光祿大夫王君正路挽詞二首

落落承平佐英英嗣世風芝蘭詑庭户鸞鵲時梅柳結交皆賢豪際

傾時緣急中悲傷聞故老偏謝未甚翁

其二

吳中試吏守濮上繼嘉聲平賦權豪恨獨祖盜俗德家貧人未葬

身去獨留名天報多男子後存好弟兄

韓幹三馬

老馬側立鬃尾垂御者高拱持青絲心知後馬有爭意兩耳微起

如立錐中馬直視翹右足眼光已動心先馳僕夫旋作奔佚想右手正控黃金羈雄姿駿發最後馬回身奮鬣眞權奇圉人頓轡屹山立未聽決驟爭雄雌物生先後亦偶耳有心何者能忘之畫師韓幹豈知道畫馬不獨畫馬皮畫出三馬腹中事似欲識世人莫知伯時一見笑不語告我韓幹非畫師

書郭熙橫卷

鳳閣鸞臺十二屏屏上郭熙題姓名崩崖斷壑人不到枯松野葛相欹傾黃散給舍多肉食食罷起愛飛泉清皆言古人不復見不知北門待詔白髮垂冠纓袖中短軸纔半幅慘澹百里山川橫巖

兒

頭古寺擁雲木沙尾漁舟浮晚晴遥山可見不知處落霞斷鴈俱
微明十年江海興不淺滿帆風雨通宵行投篙椓杙便止宿買魚
沽酒相逢迎歸來朝中亦何有包裹觀闕圍重城日高困睡心有
適夢中時作東南征眼前欲擬要真物拂拭束絹付與汾陽生

題王生畫三蠶蜻蜓二首

饑蠶未得葉宛轉不自持食蠶聲如雨但食無復知老蠶不復食
矯首有所思君畫三蠶意還知使者誰

其二

蜻蜓飛翾翾向空無所著忽然逢飛蚊驗爾饑火作一飽困竹稍

凝然反冥寞若無飢渴患何貴一簞樂

贈寫眞李道士

君不見景靈六殿圖功臣進賢大羽東西陳能令將相長在世自古獨有曹將軍高高李師掉頭笑自言弄筆逼前身百年遺像誰復識滿朝冠劍多偉人據鞍一見心有得臨膍相對疑逼神十年江海鬢半脫歸來俛仰慚簪紳一揮七尺倚牆立客來顧我誠似君金章紫綬本非有綠蓑黃篛甘長貧如何畫作白衣老置之茅屋全吾眞

次韻子瞻題郭熙平遠二絶

亂山無盡水無邊田舍漁家共一川行遍江南識天巧臨風開卷
兩茫然
斷雲斜日不勝秋付與騷人滿目愁父老如今亦才思一蓑風雨
釣槎頭

次韻錢穮待制秋懷

壯心老自消秋思悲不怨中懷不堪七那用日食萬朝陽淨塗潦
白露浩草蔓求衣授故褚酒債積新券袒裼便林藪冠帶愁檻圈
夢追赤松遊食我青精飯歸心久已爾佳句聊復勸近聞洮東擒
閒出邊馬健禪王坐受縛右衽行將獻念此魄無功歸歟適吾願

宿滎陽寗氏園

喧卑背城市，曠蕩臨溪水。車流泝絶壁，河潤及桃李。居人有佳思，過客得新喜。中橋一回顧，欲入迷所自。

滎陽唐高祖太宗石刻像并叙

滎陽大海院高齊石像一，高不數寸，而姿製甚妙。唐高祖爲鄭州刺史，太宗方幼而病甚，禱之即愈，因各爲一碑，刻彌勒佛，且記其事，至今皆在。元祐二年九月，祭告永裕陵，過而觀焉，作小詩以授院僧。

誰言膚寸像，勝力妙入天。欲療衆生病，陰扶濟世賢。身微須覆護

誤倒

眼淨照幾先登爲成功報猶應歷劫緣

次韻劉貢父從駕

一經空記弟傳兄舊德終慙比長卿邑黨聯翩來接武登科先後
憶題名竹林共集連諸子棣萼相輝賴友生它日都門俱引去不
應廣受獨華榮

次韻劉貢父和韓康公憶其弟持國二首

霜風瑟瑟卷梧蕉燕處超然夜寂寥羽客信來丹鼎具石淙夢斷
水聲遙赤松作伴誰當見黃鵠高飛未易招劒履終身定何益勤
勞付與沛中蕭

愛君憂世老彌深特操要須得失臨晚歲飛騰推有德故鄉安穩
信無心小邦近似西山隱元氣終當北斗斟聖主方求三世舊老
臣何止一遺簪

聞京東有道人號賀郎中者唐人也其徒有識之者作詩寄
之

賀老稽山去不還鏡湖獨棹釣魚船南來太白尋無處卻作郎官
又幾年岱下迎鑾驚典謁蒙山施藥愍耕田試窮脚力追行迹亦
使今生識地仙

送家安國赴成都教授三絶

城西社下老劉君春服舞雩今幾人白髮弟兄驚我在喜君游宦亦天倫微之先生門人惟僕與子瞻兄復禮與退翁兄皆仕耳垂白相逢四十年猖狂情味老俱闌論兵頓似前賢語莫作當年故目看

石室多年欵誌平新書入溷里中生遣師今見朝廷意文律還應似兩京

送歐陽辯

我年十九識君翁鬢髮白盡顴頰紅奇姿雲卷出翠阜高論河決生清風我時少年豈知道因緣父兄願承教文章疎略未足云擧

止猖狂空自笑公家多士如牛毛揚眉抵掌氣相高下客逡巡愧知已流耕低昂隨所遭卻來京洛三十載重到公家二君在伯亡仲逝無由追淚落數行心破碎京城東西正十里雨落泥深旱塵起衣冠纏繞類春蠶一歲相從知有幾去年叔爲尚書郎家傳舊業行有望今年季作澶淵吏米鹽騷屑何當起前輩今無一二存後來幸有風流似黃河西行淤沒屋桑柘如雲麥禾熟年豐事少似宜君飽讀遺書心亦足

送韓康公歸許州

功成不願居身退有餘勇心安里閭適望益縉紳重朝爲北闕辭

莫犯南河凍人知疎公達王命顯攵送百壺山泉溢千兩春雷動
旋聞二季賢繼以一章控詔書未云可廷論已爭疎茲行迫寒食
歸及掃先壟萬人擁道看一子腰金從爾曹勿驚嗟令德勸勤種

三日上辛祈穀除日宿齋戶部右曹元日賦三絕句寄呈子
瞻兄

七度江南自作年去年初喜奉椒盤冬來誤入文昌省連日齋居
未許還

今歲初辛日正三明朝春氣漸東南還家强作銀幡會雪底蒿芹
欲滿籃

北客南來歲欲除燈山火急萬人扶燈山例以北使帰日立欲觀翠輦廵遊盛深怯南宮鎖鑰拘

次韻王欽臣祕監集英殿井

碧甃涵雲液銅瓶響玉除汲花攢點罷灑霧喚班初龍餅煎無數螭研滴有餘從官方醉飽一酌解清虛

集賢殿考試罷二首

振鷺紛紛未著行初從江海覘清光卷聲風雨中庭起筆勢雲烟累幅長病眼尚能分白黑衆毛空復數驪黃禁中已許公孫第得失何私物自忙

衰病相侵眼漸昏青燈細字苦勞神遍看大軸知無力聽誦奇篇
賴有人前日鼓旗聞苦戰明朝雷雨出潜鱗殿廬困極唯思睡郤
憶登科似後身

問蔡肇求李公麟畫觀音德雲

好事桓靈寳多才顧長康何嘗爲人畫但可設奇將久聚要當散
能分慰所望清新二大士畀我夜燒香

五月一日同子瞻轉對

羸病不堪金束腰永懷江海舊漁樵對床貪聽連宵雨奏事驚同
朔旦朝大耿功名元自異中年服食舊相要一封同上憐狂直詔

許昌言賴有堯

次韻劉貢父題文潞公草書

鷹揚不減少年時墨作龍蛇紙上飛應笑學書心力盡臨池寫遍未裁衣

韓康公挽詞三首

閥閱元高世功名自發身堂堂揖眞相矯矯出稠人許國心先定輕財物自親傳經比韋氏世世得良臣

其二

耆年時一二新第闕西南好客心終在忘懷日縱談規模人共記

風味我猶諳誰是羊曇首回車意不堪

其三

師曠聞弦日相如作賦年雖慙衆人後貪値主文賢北道初聞召南江正遠遷平生闕親近遺恨屬新阡

送王宗望郎中赴河東漕

春初戎馬掠河壖屬國倉皇不解鞍未免驅民餽邊食旋聞奉使輟郎官年高轉覺精神勝慮穩要令事業安持節近看參嶺雪擁裘應慣鴈門寒

送高士敦赴成都兵鈐

秦虢夫人走馬圖一絶

歸來有宅屋江干百畝田疇泉映修竹何將逸姓名合後上圖軸

方爲世外人行止何須錄百年人後名夫馬同一束嗟予縛世界

縱數空花目安知有十志銘卷不盈幅一處一處生求獨瞻喬木

昔爲大宅遊廬巖在東籬直上登封擅一夜爾生足徑歸不復往

廬鴻草堂圖

平生見廬大齋

問耕綉空譚房何處不行樂壁像君家有舊題德厚不妨三世將時

揚雄老病人思歸家在成都東向西邇迎王孫馳騁騎丁寧父老

秦虢風流本一家，豐枝穠葉映雙花。欲分妍醜都無處，夾道遊人
空嘆嗟。

朱幩玉勒控飛龍，笑語諠譁步驟同。馳入九重人不見，金鈿翠羽
落泥中。

韓幹二馬

玉帶胡奴騎且牽，銀騣白鼻兩爭先。八坊龍種知何數，乞與岐邠
並錦韉。

試制舉人呈同舍諸公二首

垣中不減臺端峻，池上來從柱下嚴。同直舊曾連月久，覽來還喜

二公兼（僕頃與孫莘老同在諫垣，與彭器資同在西掖。）直言已許侵彈奏，新告行聞振滯淹。顧我麄官何所與，西曹只合論茶鹽。

早歲同科止六人，中年零落半埃塵。却將舊學收新進，幾誤今生是後身。骯髒別都遺老驥，沉埋祕府愧潛鱗。（制科前輩今獨張公安道一人，後來未用惟張去華而已。）憐君尚勝劉蕡在，白首諸侯呼上賓。

次韻張去華院中感懷

登朝已老似王陽，脫葉何堪霧雨涼。案上細書憎蟻黑，禁中新酒變鵝黃。臨堦野菊偏能瘦，倚檻青松解許長。仕宦不出天祿閣，坐曹終日漫皇皇。（轍頃自績溪除校書郎，未至京，除右司諫，竟不入館，故以爲恨。）

送周思道朝議歸守漢州三絶

早緣民事失茶官，解印重來十二年。美惡一周還自復，始知東里解言天。

梓潼東西甲乙州，同時父子兩諸侯。（正孺時守梓州）它年我作西歸計，兄弟還能得此不。

酒壓郫筒憶舊酤，花傳丘老出新圖。（漢州官酒蜀中推第一，趙昌畫花模倣丘文播，亦西州所無也）此行眞勝成都尹，直爲房公百頃湖。

欒城集卷之十五終

校殘宋本起一葉

欒城集卷之十六

宋眉山蘇轍子由著

明東吳王執禮子敬
顧天叙禮初 仝校

蘇文定公文集卷第十六

詩一百二十首

程之元表弟奉使江西次前年送赴楚州韻戲別

送君守山陽羡君食淮魚送君使鍾陵羡君江上居憐君喜為吏

臨行不欲獻紛紛出歌舞綠髮照瓊梳歸鞍踏涼月倒盡清樽餘

嗟我病且衰兀然守文書齒疎懶食肉一飯甘青蔬愛水亦已乾

塵土生空渠清貧雖非病簡易由無儲家使赤脚媪何煩短轅車

君艤繫東橋茲行尙徐徐對我竟不飮問君獨何歟

表弟程之邵奉議知泗州

馬有千里足所願百里程馬心自爲計安用終日行何人志四方
欲買千金輕吾弟有儁才見事心眼明二年坐北部萬口傳佳聲
談笑頑狡伏何曾用敲榜艱難得銅虎洗眼長淮淸民事不足爲
但當食魚蓴貧重貴餘力過飽多傷生不見大路馬垂頭畏繫纓

次韻子瞻書黃庭內景卷後贈蹇道士拱辰

君誦黃庭內外篇本欲洗心不求仙夜靚片月墮我前黑氣剝盡
朝日妍一暑一寒久自堅體中風行上逼天亭亭孤立孰傍緣至

哉道師昔云然旣已得之戒不傳知我此心未虧騫指我嬰兒藏谷淵言未絶口行已旋我思其言夜不眠

次韻子瞻好頭赤

沿邊壯士生食肉小來騎馬不騎竹翩然赤手挑青絲提下巓崖試深谷牽人故關榆葉赤未慣中原暖風日黃金絡頭依圉人俛聽北風懷所歷

送葆光蹇師遊廬山

建城市中有狂人縱酒罵市無與親敲門訪我何逡巡頭蓬面垢氣甚眞截河引水登崑崙下洗尺宅骨髓勻告我入室要自門仙

翁道師豈遺君歸來插足九陌塵獨遊凝祥芳草春蕭然孤鶴鳴鷄羣子欲不死存谷神海山微明朝日暾丹成寄子勿妄云出入無朕窮無垠相思一笑君乃信

同子瞻次梅聖俞舊韻題鄉舍木山

江槎出沒浮犀牛波濤掀天谷為洲江乾水落驚霜秋危根瘦節鳴寒流脆朽吹去誰鎸鏤連峯疊嶂立酋倉吾家此山不易得十年棄置空自尤猿號鶴淚豈無意委蛇怪我懷羞褒西歸父老拍手笑笑憶翁子躬薪櫝去時三山今有五不問故園惟一丘

次韻子瞻送千乘千能

少年食糠覈吐去願一官躬耕遇斂穫不知以爲歡謂言一飛翔
要勝終屈蟠朝廷未遑入江海失所安多憂變華髮照影慙雙鸞
恩從萬里歸獨喜大節完日食太倉米饈中有餘紈奇窮不當爾
自信處此難長女聞嫠居將食淚滴盤老妻飽憂患悲咤摧心肝
西飛問黃鵠誰當救飢寒二子憐我老輩致心一寬別久得會合
喜極成辛酸忽聞倚門望有書驚歲闌深情見緩急欲報非琅玕
勸爾勤孝友愼毋慕衣冠淵渟自成井放瀉當生瀾豈有白雪駒
舉足無和鑾

題王詵都尉畫山水橫卷三首

摩詰本詞客亦自名畫師平生出入輞川上鳥飛魚泳嫌人知山光盎盎著眉睫水聲活活流肝脾行吟坐詠皆自見飄然不作世俗詞高情不盡落縑素連峯絕澗開重帷百年流落存一二錦囊玉軸酬不訾誰令食肉貴公子不學父祖驅熊羆細氊淨几讀文史落筆璀璨傳新詩青山長江豈君事一揮水墨光淋漓手中五尺小橫卷天末萬里分毫氂謫官南出止鈞穎此心通達無不之歸來纏裹任紈綺天馬性在終難羈人言摩詰是前世欲比顧老疑不癡桓公崔公不可與但可與我寬衰遲

憐君將帥雖有種多君智慧初無師篇章俊發已可駭丹青妙絕

當誰知自言五色若亂目況乃旨酒長傷脾手狂但可時弄筆口
病未免多微詞歌鐘一散任池館幅巾靜坐空書帷偶從禪老得
眞趣此身不足非財訾世間翻覆岸爲谷猛獸相食虎與羆逝將
得意比春夢獨取妙語傳淸詩眼看宮釀瀉酥酪未與村酒分醇
醨解鞍駿馬空伏櫪寄書黃狗閑生氂江山平日偶有得不自圖
寫渾忘之臨窗展卷聊自適盤礴豈復冠裳羈欲乘漁艇發吾興
願八野寺嗟兒癡行纏布襪雖已具山中父老應嫌遲
我昔得罪遷南夷性命頃刻存篙師風吹波蕩到官舍號呼誰復
相聞知小園畜蟻防橘蠹（橘性甘多蠹南人畜蟻於園中蟻緣木食蠹雖鄰家柯葉相接而蟻不相過亦）

耳一異空庭養蜂收蜜脾讀書一生空自笑賣鹽竟日那復詞城中清溪可濯漱城上連峯堪幕帷十千薄俸聊足用魚多米賤憂無訾東坡居士最岑寂炭然深藜見狐鼠坐隅止鵩偶成賦槃中食蕘時作詩憐君富貴可炙手一時出走羞廢醜澤傍憔悴凡幾歲胸中芥蔕無一蘆江山別來今久矣不獨能言能畫之同朝執手不容久笑我野馬方受羈袖中短卷墨猶濕傍人笑指吾儕癡方求農圃救貧病它年未用譏樊遲

次韻子瞻十一月旦日鎖院賜酒及燭

銅鐶玉鎖閉空堂腕脫初驚筆札忙紅燭遥憐風雪晴黃封微濕

桂椒香光明坐覺幽陰破溫暖深知覆育長明日白麻傳好語曼聲徽繞殿中央

送周正孺自考功郎中歸守梓潼兼簡呂元鈞三絕

白髮熙寧老諍臣凜然心膽大於身吾儕坐看馮唐去誰起雲中廢棄人

十年符竹守吾州故吏相逢嘲土牛毋謂徐公不堪用諸人自與世沉浮

東道如聞近稍安乘驄按部凜生寒忽逢太守能相下俱是從來言事官

八葉

雪中訪王定國感舊

昔游都城歲方除飛雪紛紛落花絮徑走城東求故人馬蹄旋沒無尋處翰林詞人呼巨源笑談通夜倒清樽住在城西不能返醉臥吉祥朝日暾相逢卻說十年事往事皆非隔生死惟有飛霙似昔時許君一醉那須起蘭亭俛仰迹已陳黃公酒壚愁殺人君知聚散翻覆手莫作吳楚乘朱輪

次韻王定國見贈

枯木無枝不記年寒灰誰遣强吹然南遷不折知非妄未老求閑愈覺賢屢出詩章新管籥偶開畫卷小山川簿書塡委慙君甚撥

去歸來粗了眠

王子難龍圖挽詞

帝子乘鸞已列仙遺芳留得衆孫賢俊科蚤與寒儒競禁從終償白髮年輦路聯鑣驚往事圃田回首泣新阡舊聞推歷知天命看熟黃粱定酒然

次韻李豸秀才來別子瞻仍謝惠馬二首

小床臥客笑元龍彈鋏無輿下舍中五馬不辭分後乘輕裘初許敝諸公隨人射虎氣終在徒步白頭心頗同遥想據鞍横槊處新詩一一建安風

呂司空挽詞三首

少年輕富貴，一意在詩書。共恨經綸晚，纔收老病餘。寡言知德勝，善應本中虚。卒相承平業，謳歌元祐初。

其二

將相家聲近，勳名晚歲隆。給扶安舊德，賜府壓羣公。不見彌縫迹，空推翼戴功。山公舊多可，寒士泣清風。

其三

罷郡來清潁，徵官憶宛丘。潁垣那可住，隱几若將休。復起民欣願，全歸天不留。世間反覆手，有德竟無憂。公罷潁川，退居於陳。轍爲陳學官時，請見焉。

范蜀公挽詞三首

能言人盡爾，有立世終稀。憂國常先衆，謀身亦勇歸。見奇初或笑，要極未應非。僅似西山老，終身止食薇。

其二

賦傳長嘯久，書奏鎛鐘新。共歎文章手，終爲禮樂人。遺風滿臺閣，好語落簪紳。欲取褒雄比，終非骨鯁臣。

其三

劒外東來日，城西卻住年。高齋罷寓宿，旅食正蕭然。語慨聞投石，詩新看涌泉。清樽寄苦淚，一灑葉墳前。

十葉

范百嘉百歲昆仲挽詞二首

少年何斂銳才氣伏諸生展卷五行下揮毫萬字傾百年殊未艾

一病竟無成誰謂從夫子同開鬱鬱城

其二

季子尤高爽顔家早哭同白頭生便爾黄壤遽相催舊草誰收拾

新松剩揷栽悲傷有伯氏諸子尙嬰孩

安厚卿樞密母夫人挽詞二首

家起側微中身兼富貴終慈仁本宜壽勤約自成風大府寧居久

名邦賜沐雄共傳生子福仍指讀書功

其二

早歲參戎幙開門對粉牆初聞莫兄弟共歎好姑章一別飛騰速

全歸福祿長遺芳在子舍它日望巖廊

題李公麟山莊圖并叙

伯時作龍眠山莊圖由建德館至垂雲沜著錄者十六處自西

而東凡數里巖崿隱見泉源相屬山行者路窮於此道南溪山

淸深秀峭可游者有四曰勝金巖寶華巖陳彭漈鵲源以其不

可緒見也故特著於後予嘗既爲之記又屬轍賦小詩凡二十

草以繼摩詰輞川之作云

建德館

龍眠滌淨中微吟作雲雨幽人建德居知是清風主

墨禪堂

此心初無住無與物皆禪如何一丸墨舒卷化山川

華嚴堂

佛口如瀾翻初無一正定晝作正定看於何是佛性

雲薌閣

清溪便種稻秋晚連雲熟不待見新春西風薌自足

發眞塢

山開稍有路水放亦成川游人得所息眞意方澹然

薌茅館

山居少華麗牽茅結淨屋此間不受塵幽人亦新沐

瓔珞巖

泉流逢石缺脉散成寶網水作瓔珞看山是如來想

棲雲室

石室空無主浮雲自去來人間春雨足歸意帶風雷

祕全庵

世道自破碎全理未嘗違溪山亦何有永覺平日非

延華洞

共恨春不長逡巡就搖落一見洞中天眞知世間惡

澄元谷

石門日不下潭鏡月長臨細細溪風渡相看識此心

雨花巖

巖花不可攀翔藥久未墮忽下幽人前知予觀空坐

洽洽谷

層崖落飛泉微風泛喬木坐遣谷中人家家有琴筑

玉龍峽

十三葉

白龍晝飲潭修尾掛石壁幽人欲下看雨雹晴相射

觀音巖

倚巖開翠屏臨潭置苔石有所獨無人君心得未得

垂雲沜

未見垂雲沜其如歸興何路窮雙足熱爲我洗盤陀

勝金巖

置馬步巖間巖前得平地肴蔬取行籠粗飽有遺味

寶華巖

團團寶華巖重重蔭珍木歸來得商鼎試瀹溪邊綠

蒼壁立精鐵縣泉瀉天紳山行見已久指與未來人

陳彭漈

溪深鼃魚驕石瘦椿楠勁借予木蘭船寬我芒鞋病 四詩皆記伯時所書

鶺源

將使契丹九日對酒懷子瞻兄弁示坐中

黃馬已向初旬見白酒相攜九日嘗黄少一枝心自覺春同斗粟

味終長蘭生庭下香時起玉在人前坐亦涼千里使胡須百日𨍏

將中子治書囊

題王詵都尉設色山卷後

還君横卷空長歎問我何年便退休欲借巖阿著茅屋還當溪口泊漁舟經心蜀道雲生足上馬胡天雪滿裘萬里還朝徑歸去江湖浩蕩一輕鷗

次韻子瞻相送使胡

朔雪胡沙試此身青羅便面紫狐巾擁爐代北隨飛鴈頓足江東有臥麟欺酒壺冰將送臘照溪梅蕚定先春漢家五餌今方驗更愧當年歎息人

歐陽文忠公夫人挽詞二首

先生才蓋世家事少經心流落初相偶委蛇志益深功名入圖史

伸氏氣無前爲文思涌泉飄然落筆地時出疾邪脩棘餘要經營

其二

果哉指乾坤長短何須問傳家已把孫

之人雖老猶對客消音不信疾爲累要賴學有原遵條礼名器

歐陽伯和伸純挽詞二首

歸終竟不疑外人傳一二猶得載銘詩

好禮忘耆老持家歷盛衰謹嚴終致一貧富各從宜晚歲仍聞道

其二

文字刻隱跡行助知由內囑處欲重吟

十六葉

騂驑行(待)著鞭淒凉悲故客不及見華顛

奉使契丹二十八首

次莫州通判劉涇韻二首

北國亦知岐有叟何嘗烽火報驚危擁旜絕漠聞嘉語緩帶臨邊出好詩約我一樽迎嗣歲待君三館已多時從今無事唯須飲文字聲名人自知

平世功名路甚夷不勞談說更騎危早年拭目看成賦近日收心聞琢詩古錦屢開新得句倣貂方競苦寒時南還欲向春風飲寒柳凋枯恐未知

贈知雄州王崇拯二首

趙北燕南古戰場何年千里作方塘煙波坐覺胡塵遠皮幣遥知國計長勝處舊聞荷覆水此行猶及蟹經霜使君約我南來飲人日河橋柳正黃生辰使例以人日還至雄州

城裏都無一寸閑城頭野水四汗漫與君但對湖光飲久病偏須酒令寬何氏溝塍布棋局李君智略走珠槃應存父老猶能說有意功名未必難

贈右番趙侍郎

霜須顧我十年兄朔漠陪公萬里行駢馬貂裘寒自暖連牀鼾息

夜無聲同心便可忘苛禮異類猶應服至誠行役雖勞思慮少會看梨棗及春生

右北口道中呈同事二首

獨臥繩牀已七年往來殊復少縈纏心游幽闕烏飛處身在中原山盡邊梁市朝回塵滿馬蜀江春近水浮天柱將眼界疑心界不見中宵氣浩然

右趙侍郎

笑語相從正四人不須嗟歎久離羣及春煮茶過邊郡賜火煎茶約細君日暖山蹊冬未雪寒生胡月夜無雲明朝對飲思鄉嶺夷

漢封疆自此分

右二副使

絕句二首

亂山環合疑無路小徑縈回長傍溪髣髴夢中尋蜀道興州東谷

鳳州西

日色賺山才到地雪花鋪草不曾消晴寒不及陰寒重擁氈爐猶存

未若翁

過楊無敵廟

行祠寂寞寄關門野草猶知避血痕一敗可憐非戰罪太剛嗟獨

十八葉

畏人言馳驅本爲中原用嘗亭能令異域尊我欲比君周子隱誅
形聊足慰中魂

燕山

燕山如長蛇千里限夷漢首銜西山麓尾掛東海岸中開哆箕畢
末路牽一線郤顧沙漠平南來獨飛鴈居民異風氣自古習耕戰
上論召公奭禮樂比姬旦次稱望諸君術畧亞狐管子丹號無策
亦數游俠冠劉棄何人斯腥臊久不澣哀哉漢唐餘左衽今已半
玉帛非足云子女羅蹈踐區區用戎索久爾縻郡縣從來帝王師
要在侮亡亂攻堅甚攻玉乘瑕易冰泮中原但常治敵勢要自變

會當挽天河洗此生爾萬

趙君偶以微恙乘騶車而行戲贈一絶句

鄴國知公未可風雙騅借與兩輪紅它年出塞三千騎臥畫輜車

也要公

高屋寬箱虎豹裀相逢燕市不相親忽聞中有京華語驚喜開簾

笑殺人

會仙館一絶句

北嶂南峰恰四周西山微缺放溪流胡人置酒留連宿須識笙簫

是勝遊

嶺上西行雙石人，臨溪照水久逡巡。低頭似愧南來使，居處雖高已失身。

出山

燕疆不過古北闕，連山漸少多平田。奚人自作草屋住，契丹騎車依水泉。蕎麥匹馬散川谷，草枯水盡時一遷。漢人何年被流徙，衣服漸變存語言。力耕分獲世為奚，賦役稀少聊偷安。漢奚單弱契丹橫，目視漢使心淒然。石瑭竊位不傳子，遺患燕薊逾百年。仰頭呼天問何罪，自恨遠祖從祿山。此皆燕人語也

奚君 宅在中京南

二十葉

奚君五畝宅封戶一成田故壘開都邑遺民雜漢編不知臣僕賤

漫喜殺生權燕俗嗟猶在婚姻未許連

惠州傳聞南朝逃叛者多在其間

孤城千室閉重闉蒼莽平川絕四鄰漢使塵來空極目沙場雪重

欲無春羞歸應有李都尉念舊可憐徐舍人會逐單于渭橋下歡

呼齊拜屬車塵

神水館寄子瞻兄四絕十一月二十六日是日大風

少年病肺不禁寒命出中朝敢避難莫倚皁貂欺朔雪更催靈火

煑鉛丹馬上作李若芝守一法似有功

夜雨從來相對眠，兹行萬里隔胡天。試依北斗看南斗，始覺吳山在目前。

誰將家集過幽都，逢見胡人問大蘇。莫把文章動蠻貊，恐妨談笑卧江湖。

虜廷一意向中原，言語綢繆禮亦虔。顧我何功慙陸賈，槖裝聊復助歸田。

木葉山

奚田可耕鑿，遼土直沙漠。蓬棘不復生，條幹何由作。兹山亦沙阜，短短見叢薄。冰霜葉墮盡，鳥獸紛無託。乾坤信廣大，一氣均美惡。

廿一葉

胡爲獨窮陋意似鄙夷落民生亦復爾垢汙不知怍君看齊魯間桑柘皆沃若麥秋載萬箱蠶老簇千箔餘粱及狗彘衣被遍城郭天工本何心地力不能博遂令堯舜仁獨不施禮樂

虜帳

虜帳冬住沙陀中索羊織葦稱行宮從官星散依冢阜氊廬窟室欺霜風舂粱煮雪安得飽擊兎射鹿夸强雄朝廷經畧窮海宇歲遺繒絮消頑凶我來致命適寒苦積雪向日堅不融聯翩歲旦有來使屈指已復過奚封禮成即日卷廬帳釣魚射鵝滄海東秋山既罷復來此往返歲歲如旋蓬彎弓射獵本天性拱手朝會愁心

廿二葉

胸甘心五餌墮吾術勢類畜鳥游樊籠祥符聖人會天意至今燕
趙常耕農爾曹飲食自謂得豈識圖霸先和戎

十日南歸馬上口占呈同事

南轅初喜去龍庭入塞猶須閱月行漢馬亦知歸意速朝暘已作
故人迎經冬舞雪長相避屈指新春旋復生想見雄州饋生菜菜
盤酪粥任縱横

傷足

少年謬聞道直往寡所疑不知避礙嶮造次逢顛危中歲飽憂患
進退每自持長存鄙夫討未免達士嗤前日使胡罷晝夜心南馳

中塗冰塞川滉漾無津涯僕夫執轡前我亦忘止之馬眩足不禁
拉然臥中坻異域非所息據鞍幾不支昔嘗誦楞嚴聞有乞食師
行乞遭毒刺痛劇侵肝脾念覺雖覺痛無痛痛覺知念極良有見
遂與凡夫辭我今亦悟此先佛豈見欺但爾不即證欲往常遲遲
咄哉後來心當與初心期

春日寄內

春到燕山冰亦消歸驂迎日喜嫖姚久行胡地生華髮初試東風
脫敝貂插髻小幡應正爾點盤生菜爲誰挑附書勸掃東園雪到
日青梅未滿條

廿三葉

渡桑乾

北渡桑乾冰欲結心畏穹廬三尺雪南渡桑乾風始和冰開易水應生波穹廬雪落我未到到時堅白如磐陀會同出入凡十日腥羶酸薄不可食羊脅乳粥差便人風隨沙場不宜客相攜走馬渡桑乾旌旆一返無由還胡人送客不忍去久安和好依中原年年相送桑乾上欲話白溝一惆悵

送文太師致仕還洛三首

國老無心豈爲身五年朝謁慰簪紳元臣事業通三世舊將威名服四鄰遍閱後生眞有道欲談前事恐無人比公惟有淩雲檜歲

歲何妨雨露新

齋舊元勲古大師敍參千載恐無之昔日歸輿經邦手復起還當

問道時人謂何曾須被侍到家依舊擁旌麾孔公靈壽問應在秋

晚香山訪佛祠

西都風物漢唐餘天作嵩山養退居盈尺好花扶几杖拂天修竹

倚庭除白頭伴侶誰猶健蔡意豈須八已陳公昔與司馬公同居洛下常與諸老爲眞率之會酒肴果蔬隨有而具我欲試求三畝宅從公乞日賦歸歟先人昔遊洛中有卜築之意不肖常欲成就先志顧未暇耳

李公麟陽關圖一絶

廿五葉

百年摩詰陽關語三疊嘉榮意外聲誰遣伯時開縞素蕭條邊思坐中生

西出陽關萬里行彎弓走馬自忘生不堪未別一盃酒長聽佳人泣渭城

學士院端午帖子二十七首

皇帝閣六首

溽暑避華構清風迎早朝楓槐高自舞冰雪晚初消

其二

南訛初應曆五日未生陰靈藥收農錄薰風拂舜琴

其三

皇心本曳曠一氣自炎涼不廢荆吳舊民風見未央

其四

九門巳散秦醫藥百辟初頒淩室冰飲食祈君千萬壽良辰更上辟兵繒

其五

雨遲麥粒尤堅好日麗蠶絲轉細長八夏民間初解慍宫中時舉萬年觴

其六

汴上初無招屈亭沅湘近在國南坰太守漫解供新欆諫列猶應記獨醒

太皇太后閤六首

決獄初迎雨開倉旋取陳青黃今接夏饑疫免憂春

其二

簾幕風時度宮深日倍長紵羅隨節賜黍麥趁新嘗

其三

執熱寧忘濯清心自釋煩東朝聞好語長日解餘暄

其四

出磨玉塵除舊廪捧箱絲縷看新絲一年豐樂今將半雨殿歡聲
外得知

其五

舟楫喧呼招屈處禽魚鼓舞放生中百官卻拜皋羹賜卤去方知
舜有功

其六

玉殿清虛過暑天草廬頻促念民編外家近許遷新宅不遣司農
費一錢

皇太后閤六首

壽康朝謁蚤長信燕閒多不有圖書樂其如晝漏何

其二

玉宇宜朱夏壺冰生晚涼深心念行賜清夜久焚香

其三

蠶宮罷採擷暴室獻朱黃翕呷霜紈動闌班絲縷長

其四

六宮無事著嬉遊百藥初成及早收菖歡還羞十二節椿年自占八千秋

其五

萬壽仍縈長命縷虛心不著赤靈符民間風俗疑當共天上清高定爾無

其六

楊子江心瀉鏡龍波如細縠不搖風宮中禁捧秋天月長照人心助至公

皇太妃閤五首

曉起鐘猶凝朝回露欲乾逶迤下清蹕委曲問平安

其一

壓蔗出寒漿敲冰簇畫堂人間正袢暑天上絕清涼

其三

九夏清齋奉至尊消除癘疫去無痕太醫爭獻天師艾瑞霧長縈

茈母門

其四

紈扇新裁冰雪餘清風不隔紵羅疎飛昇漫寫秦公子榮謝應憐

漢婕妤

其五

渺渺金河入禁垣漸臺雨過碧波翻共傳太液龍舟穩不似南方

競渡喧

天人閤四首

修廈欺晴日重簾度細風羣仙不煩促長在廣寒宮

其二

尋芳空茂木鬬草得幽蘭歌舞纖絺健嬉游玉珮珊

其三

新煑青篘稻米香旋抽獨蠒薄羅光剩堆雕俎添崖蜜爭作輕衫

薦壽觴

其四

御溝連殿細無聲飛灑彤墀曉氣清閒到石榴花欲盡陰陰高柳

一蟬鳴

次韻門下劉侍郎直宿寄蘇左丞

雷雨連年起卧龍穆然臺閣有清風一時書諾雖云舊此日都俞本自公松竹經霜俱不改鹽梅共鼎固非同一篇和遍東西府六律更成十二宮

次韻張來學士病中二首

一卧憐君三十朝呼醫仍苦禁城遥靈根自遂新陽發病枿從經野火燒吻燥未須尋麴糵囊空誰與典絺蕉何時匹馬隨街鼓睡起頻驚髀肉消

塵垢汙人朝復朝病中吟嘯夜方遥長空鴈過疑相荅虛幌螢飛坐恐燒稍覺新霜試松竹未應寒雨敗梧蕉從來百錬身如鐵火滅重磨未遽銷

次韻張君病起二首

壯年得疾勢能支不廢霜螯左手持漸喜一杯留好客未應五斗似當時口中舌在時聞句雪裏心安不問師去卧淮陽從病守功名他日許君期

老去生經廢不行鏡中白髮見空驚解將冲氣通枯指易甚新陽發舊莖一悟少年難久恃不妨多病卻長生文章繆忝追前輩服

食從來亦强名

蘇文定公文集卷第十六

此本卷及下十七八卷為鄧孝先所藏蓋與圖書館本同自大庫流出者也　壬子十月沅叔記

欒城集卷之十六終

校殘宋本
一葉
巫山賦 均依四栝
屈原廟賦
缸硯賦
登眞興寺樓賦
超然臺賦
服伏苓賦
墨竹賦
黃樓賦

欒城集卷之十七

宋眉山蘇轍子由著　　明東吳王執禮子敬
顧天敘禮初仝校

蘇文定公文集卷第十七

賦八首

巫山賦

過瞿唐之長江兮覩巫山之嵳峩雲孤興其勃勃兮扎風慨其揚波山嵚崟而直上兮越至神女之所家峯連屬以十二兮其九可見而三不知㵎遂蕪滅而不可陟兮玄猨黄鵠四顧而鳴悲覽松栢之青青兮紛其若江上之菰蒲維其大之不可知兮有橈雲之

脩柯蔓草蒙茸以下翳兮飛泉潔清而無沙亭亭孤峯其下蔡木交錯而不明兮若有美人慘然而長嗟斂手危立以右顧兮舒目遠望恍然而有所懷儼峩峩其有禮兮盛服寂寞而無譁臨萬仞之絕險兮獨立千載而不下顛追懷楚襄之放意肆志兮泝江千里而遠來離國去俗兮徘徊而不能歸悲神女之不可以朝求而夕見兮想遊步之逶遲築陽臺於江干兮相氛氣之參差惟神女之不可以求得兮此其所以爲神湛洋洋其無心兮豈其猶有懷乎世之人朝雲蔚其晨興兮嵩雨紛以下注變化倏忽不可測兮俄爲鳥而騰去忽然而爲人兮佩玉鏘以琅琅愛江流之清波兮

二葉

妄燕處乎高唐彼蛟龍之多智兮倘不可執以罝罕高邱深其菁蓍兮悅誰識其有無

屈原廟賦

淒涼兮秭歸寂寞兮屈氏楚之孫兮原之子伉直遠兮復誰似宛有廟兮江之浦予來斯兮酌以醑吁嗟神兮生何喜九疑陰兮湘之渼鼓桂楫兮蘭爲舟横中流兮風鳴厲忽自溺兮曠何求野莽莽兮舜之邱舜之牆兮繚九周中有長遂兮可駕以遊採玉以爲輪兮斲冰以爲之輈伯翳俯以御馬兮皐陶爲予參乘慘然愍予之強死兮泫然涕下而不禁道予以登夫重邱兮紛古人其若林

缸硯賦 并敘

孰知乎此鸛忽反顧以千載兮閙故宮之頹垣

暮遷優而燕安嗟乎生之所好兮既死而後能然彼鄉之人兮夫

兮坦乎夷而無憂朝而從之遊兮願乎使予昌言以而無忌兮

不仁而出訴修默乎何言兮使重華之自爲處乎惟樂夫推讓

予含是安去乎將質以重華兮蹇將語而出游乎豈知彼婦兮夫

安可以諺乎抱關而擊柝兮余豈責以必死宗國隕而不救兮夫

今獨有謂乎之不然兮夫豈柳下之展禽彼其所處之不同兮又

悟伯夷以太息兮焦衍爲乎而斸猷古固有是兮乎又何怪乎當

先蜀之老有姓滕者能以藥煮瓦石使軟可割如土嘗以破釀酒缸爲硯極美蜀人往往得之以爲異物余兒子瞻嘗遊益州有以其一遺之子瞻以授余因爲之賦

有物於此首枕而足履大胸而大膺杯首而箕制其壽百年骨肉破碎而獨化爲是其始也生乎黃泥之中其成也出乎烈火之下尾銳而腹皤長頸而巨口餔糟啜酒終日醉飽外堅中虛膚密理解偶與物鬭脅漏內槁棄於路隅瓦礫所笑忽然逢人藥石包裹不我謂瑕治以鼎鬵烹煎不辭斧鑿見剖一爲我形沃我以水汙我以煤處我以几子既博物能識已否客曰嗟夫物之成也則必

固有毁也邪物之毁也則又不可謂棄也邪既成而毁者悲其棄也既棄而復用者又悲其用也是亦大惑而已矣且以予觀之昔子則非開口而受濕茹辛含酸而不得守子之性者邪今予則非坦腹而受汚糢糊彌漫而不得保子之正者邪且其飲子以水也不若飲子以酒以物汙子也不若使子自保子果以此自悲也則亦不見夫諸毛之捽拔諸楮之爛靡殺身自鬻求效於此吐詞如雲傳示萬里子不自喜而欲其故則吾亦謂子惡名而喜利棄淡而嗜美終身陷溺而不知止者可足悲矣

登眞興寺樓賦 并敘

季夏六月子瞻與張㞦曹琥同遊眞興寺晚登寺後重閣南望連山如畫山前有白鷺十數冥冥飛去東南望五丈原原上有白雲如覆釜慨然思孔明之遺迹作書與轍曰可以賦此賦曰

涉六月之徂暑兮遡秦川而遠望樓憑高而遷遷兮日將薄乎西方牛羊相從而下來兮孤烟特起於蒼茫南望連山之參差兮奔走相屬而騰驤業業峩其雄高兮惟太白與終南林阜蔚以扶拱兮浩合沓而穰穰若羣馬之相追逐兮忽鬱怒而狂章騁交首以磨頸兮紛絕馳於四方日將入而山陰兮天黝黝而茫茫淡平雲之凝碧兮白鷺歸以翩翔羽翯翯其彌遠兮聲斷絕而復揚眇將沒

而猶見兮飄若仙人之不可望曠羣歸於何所兮徂南澗之泱泱回東望夫脩隆兮隱高原曰五丈思古人而不可見兮蕩橫流以浪浪雲坱圠其不起兮若覆盎而在上嗟一日之所見兮蓋千變以異狀忽已去而莫執兮夫豈勝乎追想強馳詞於千里兮增異日之惆悵維古事之亦然兮偶一世之所向非有意於求慕兮徒今世之追賞雖孔明其何益於五丈兮使無原其忘亮覽川原而思古兮悅亡弓之遺報

超然臺賦 并叙

子瞻既通守餘杭三年不得代以轍之在濟南也求爲東州守

八案

旣得請高密其地介於淮海之間風俗樸陋四方賓客不至受
命之歲承大旱之餘孽驅除蝗蝝逐捕盜賊廩卹饑饉日不遑
給幾年而後少安顧居處隱陋無以自放乃因其城上之廢臺
而增葺之日與其僚覽其山川而樂之以告轍曰此將何以名
之轍曰今夫山居者知山林居者知林耕者知原漁者知澤安
於其所而已其樂不相及也而臺則盡之天下之士奔走於是
非之場浮沉於榮辱之海囂然盡力而忘反亦莫自知也而達
者哀之二者非以其超然不累於物故邪老子曰雖有榮觀燕
處超然嘗試以超然命之可乎因爲之賦以告曰

東海之濱日氣所先歸高臺之陵空兮溢晨景之絜鮮幸氛翳之收霽兮逮朋友之燕閒舒壄鬱以延望兮放遠目於山川設金罍與玉斝兮清醪絜其如泉奏絲竹之憤怨兮聲激越而眇綿下仰望而不聞兮微風過而激天會陟降之幾何兮棄溷濁乎人間倚軒楹以長嘯兮袂輕舉而飛翻極千里於一瞬兮寄無盡於雲烟前陵阜之洶湧兮後平野之淼漫喬木蔚其蓁蓁兮興亡忽乎滿前懷故國於天末兮限東西之嶮艱飛鴻往而莫及兮落日耿其夕矚嗟人生之漂搖兮寄流栟於海壖苟所遇而皆得兮追旣澤而後安彼世俗之私已兮每自予於曲全中變潰而失故兮有驚

惕而沈瀾誠達觀之無不可兮又何有於憂患顧遊宦之迫隘兮常勤苦以終年盍求樂於一醉兮滅膏火之焚煎雖晝日其猶未足兮蔟明月乎林端紛既醉而相命兮霜凝磴而跰躚馬躑躅而號鳴兮左右翼而不能鞍各雲散於城邑兮徂清夜之既闌惟所往而樂易兮此其所以爲超然者邪

服茯苓賦 并敘

余少而多病夏則脾不勝食秋則肺不勝寒治肺則病脾治脾則病肺平居服藥殆不復能愈年三十有二官於宛丘或憐而受之以道士服氣法行之期年二疾良愈蓋自是始有意養生

之說晚讀抱朴子書言服氣與草木之藥皆不能致長生古神
仙眞人皆服金丹以爲草木之性埋之則腐煮之則爛燒之則
焦不能自生而况能生人乎余既汩沒世俗意金丹不可得也
則試求之草木之類寒暑不能移歲月不能敗者惟松柏爲然
古書言松脂流入地下爲茯苓茯苓又千歲則爲琥珀雖非金
石而其能自完也亦久矣於是求之名山屑而瀹之去其脈絡
而取其精華庶幾可以固形養氣延年而卻老者因爲之賦以
道之詞曰
春而榮夏而茂憔悴乎風霜之前摧折乎冰雪之後閱寒暑以同

化委糞壤而兼朽茲固百草之微細與衆木之凡陋雖復效骨葦於刀几盡性命於杵臼解急難於俄頃破奇邪於邂逅然皆受命淺薄與時變遷朝菌無日蟪蛄無年苟自救之不暇矧它人之足延乃欲擷根莖之幺末假臭味以登仙是猶託疲牛於千里駕鳴鳩而升天則亦辛勤於澗谷之底槁死於峯崖之顛顧桑榆以竊歎意神仙之不然者矣若夫南澗之松拔地千尺皮厚犀兕心堅鐵石鬚髮不改蒼然獨立流膏液於黃泉乘陰陽而固結象鳥獸之蹲伏類黿鼉之閉蟄外黝黑以鱗皴中絜白而純密上灌莽之不犯下螻蟻之莫賊經歷千歲化爲琥珀受雨露以彌堅與日月

十二葉

而終畢故能安寬龜而定心志卻五味與穀粒追赤松於上古以百歲爲一息顏如處子綠髮方目神止氣定浮遊自得然後乘天地之正御六氣之辨以遊夫無窮夫又何求而得食

墨竹賦

與可以墨爲竹視之良竹也客見而驚焉曰今夫受命於天賦形於地涵濡雨露振蕩風氣春而萌芽夏而解弛散柯布葉逮冬而遂性剛絜而疎直姿嬋娟以閑媚涉寒暑之徂變傲冰雪之淩厲均一氣於草木嗟壤同而性異信物生之自然雖造化其能使今子研青松之煤運脫兎之毫睥睨牆堵振灑繒綃須臾而成鬱乎

十三葉

蕭騷曲直横斜穠纖庳高竊造物之潛思賦生意於崇朝子豈誠
有道者耶與可听然而笑曰夫予之所好者道也放乎竹矣始予
隱乎崇山之陽廬乎脩竹之林視聽漠然無槩乎予心朝與竹乎
爲游莫與竹乎爲朋飲食乎竹間偃息乎竹陰觀竹之變也多矣
若夫風止雨霽山空日出猗猗其長森乎滿谷葉如翠羽筠如蒼
玉澹乎自持淒兮欲滴蟬鳴鳥噪人響寂歷忽依風而長嘯眇掩
冉以終日筍含籜而將墜根得土而横逸絶澗谷而蔓延散子孫
乎千億至若藂薄之餘斤斧所施山石犖埆荆棘生之蹇將抽而
莫達紛既折而猶持氣雖傷而益壯身已病而增奇淒風號怒乎

隙穴飛雪凝沍乎陂池悲衆木之無賴雖百圍而莫支猶復蒼然
於既寒之後凜乎無可憐之姿追松柏以自偶竊仁人之所爲此
則竹之所以爲竹也始也余見而悅之今也悅之而不自知也忽
乎忘筆之在手與紙之在前勃然而興而脩竹森然雖天造之無
朕亦何以異於茲焉蓋予聞之庖丁解牛者也而養生者取
之輪扁斲輪者也而讀書者與之萬物一理也其所從爲之者異
爾況夫子之託於斯竹也而予以爲有道者則非耶與可曰唯
唯

黄樓賦 并叙

十四葉

熙寧十年秋七月乙丑河決於澶淵東流入鉅野北溢於濟南

溢於泗八月戊戌水及彭城下余兄子瞻適爲彭城守水未至

使民具畚鍤畜土石積芻茭完窒隙穴以爲水備故水至而民

不恐自戊戌至九月戊申水及城下有二丈八尺塞東西北門

水皆自城際山雨晝夜不止子瞻衣製履屨廬於城上調急夫

發禁卒以從事令民無得竊出避水以身帥之與城存亡故水

大至而民不潰方水之淫也汗漫千餘里漂廬舍敗冢墓老弱

蔽川而下壯者狂走無所得食槁死於丘陵林木之上子瞻使

習水者浮舟楫載糗餌以濟之得脱者無數水既涸朝廷方塞

十五葉

澶淵未暇及徐子瞻曰澶淵誠塞徐則無害塞不塞天也不可

使徐人重被其患乃請增築徐城相水之衝以木堤捍之水雖

復至不能以病徐也故水旣去而民益親於是即城之東門爲

大樓焉堊以黄土曰土實勝水徐人相勸成之轍方從事於宋

將登黄樓覽觀山川弔水之遺迹乃作黄樓之賦其辭曰

子瞻與客遊於黄樓之上客仰而望俯而歎曰噫嘻殆哉在漢元

光河决瓠子騰蹙鉅野衍溢淮泗梁楚受害二十餘歲下者爲汙

澤上者爲沮洳民爲魚鼈郡縣無所天子封祀太山徜徉東方哀

民之無辜流死不藏使公卿負薪以塞宣房瓠子之歌至今傷之

嗟惟此邦俯仰千載河東傾而南洩蹈漢世之遺害包原隰而爲一窺吾墉之摧敗吕梁齟齬横絶乎其前四山連屬合圍乎其外水洄洑而不進環孤城以爲海舞魚龍於隍壑閲帆檣於睥睨方飄風之迅發震鞞鼓之驚駭誠蟻穴之不救分閭閻之横潰幸冬日之既迫水泉縮以自退棲流枿於喬木遺枯蚌於水裔聽澶淵之奏功非天意吾誰賴今我與公冠冕裳衣設几布筵斗酒相屬飲酣樂作開口而笑夫豈偶然也哉子瞻曰今夫安於樂者不知樂之爲樂也必涉於害者而後知之吾嘗與子憑茲樓而四顧覽天宇之宏大繚青山以爲城引長河而爲帶平皋衍其如席桑麻

十七葉

蔚乎旃旃畫阡陌之縱橫分園廬之向背放田漁於江浦散牛羊於壥際淸風時起微雲霮䨴山川開闔蒼莽千里東望則連山參差與水背馳羣石傾奔絕流而西百步湧波舟楫紛披魚鼈顚沛没人所嬉聲崩震雷城堞爲危南望則戲馬之臺巨佛之峰巋乎特起下窺城中樓觀翱翔巍峨相重激水既平渺莽浮空駢洲接蒲下與淮通西望則山斷爲玦傷心極目麥熟禾秀離離滿隰飛鴻羣往白鳥孤没橫烟澹澹俯見落日北望則泗水湠漫古汴入焉滙爲濤淵蛟龍所蟠古木蔽空烏鳥號呼賈客連檣聯絡城隅送夕陽之西盡導明月之東出金鉦湧于靑壁陰氛爲之辟易窺

人寰而直上委餘彩於沙磧激飛楹而入戶使人體寒而戰栗息
洶洶於羣動聽川流之蕩潏可以起舞相命一飲千石遺棄憂患
超然自得且子獨不見夫昔之居此者乎前則項籍劉戊後則光
弼建封戰馬成羣猛士成林振臂長嘯風動雲興朱閣青樓舞女
歌童勢窮力竭化爲虛空山高水深草生郊墟蓋將問其遺老既
已灰滅而無餘矣故吾將與子弔古人之既逝閔河決於疇昔知
變化之無在付盃酒以終日於是衆客釋然而笑頹然就醉河傾
月墮攜扶而出

蘇文定公文集卷第十七

欒城集卷之十七